"理不尽上司"にホワイト職場は作れない

IT職場のトラブル対処

決定版

社会保険労務士 行政書士
杉本 一裕
Kazuhiro Sugimoto

日経BP

はじめに

ＩＴ職場で慢性的な人手不足が解消しません。新規人材の獲得、既存の人材の定着を考えても、トラブルの少ないホワイト職場の重要性は高まるばかりです。

筆者に寄せられる職場でのトラブルの相談も年々増加し、多様化しています。最近では、働き方改革によるテレワーク勤務や副業に関する相談が増えました。

考えてみれば当然です。会社勤めでは、入社から退職まで上司や同僚と付き合うことになります。長い時間を過ごす職場では、どうしてもトラブルが起こります。上司と部下あるいは同僚同士、さらには会社と従業員の間で起こるものまで内容はさまざまです。

特に同じグループで仕事をする関わりの深いメンバー間で、気が合う、合わないといった感情のもつれが生まれがちです。人間関係のトラブルは避けられません。

会社の制度に対する不満から会社や人事部門と紛糾することもあります。一方的に会社が悪いのではなく、クレーマーのような社員による常識外れの発言や行動が問題になるケースもあります。

では、どうすればトラブルにうまく対処できるのでしょうか。

トラブルの要因は職場の中に潜在しており、ゼロにはできません。管理職や職場リーダーの対応によって顕在化することもあれば、大事に至らずに解消することもあります。深刻なトラブルに発展することが多いのは、とにかく自分が正しいと思い込んでいる上司のいる職場です。

理不尽な上司はよく「常識だ」「当社では今までこうやってきた」と感情的に話します。その言葉に、説得力はありません。上司パワーで押し通しても従業員のモチベーションは下がるだけです。会社や上司の一方的な言い分を押し通す姿勢はいただけません。「自分の考え」や「慣習」を押し付けないことです。

会社が営利組織なのは全員が知っています。絶対に自分の都合を通そうと思っているケースはまれでしょう。ただ不当な扱いを受けるのはいやなはずです。

丁寧に分かりやすく説明することで多くの従業員は納得していきます。納得するかしないかは、説明にしっかりした根拠があったかどうかが大きいのです。

根拠として最適なのは法令や社内ルール（就業規則）です。誰にでも平等に適用されるものですし、企業としてのあるべき姿、守るべき基準に沿って作られたものだからです。

特に管理職や人事部門の担当者は、トラブルの対処に当たる際には根拠のある説明を心がけてほしいと思います。これがホワイト職場への第一歩です。

10のカテゴリーに分け52の相談に回答

とはいえ、法令や就業規則を読むだけで、適切に職場のトラブルに対応できるのか不安な方も多いと思います。実際のトラブルはある程度までパターン化できます。トラブルのパターンを知っていれば、確実に対処しやすくなります。

本書は職場で起こる典型的なトラブルを、採用から退職に至る10のカテゴリーに分けて掲載しています。10のカテゴリーは次のようになります。

- 採用・人事異動に関するトラブル
- 労働時間に関するトラブル
- 休憩や有給休暇に関するトラブル
- テレワークやフレックスタイム制など勤務制度に関するトラブル
- 人事制度や賃金制度への疑問
- 服務規律や懲戒処分に関するトラブル
- ハラスメントやメンタルヘルス問題
- 派遣や請負に関するトラブル

・システムトラブル関連
・退職や転職に関するトラブル

それぞれのカテゴリーの合計で52の相談を取り上げていますが、最初から順に読んでいただく必要はありません。関心の強いカテゴリーから、あるいはカテゴリーにとらわれずに興味を持たれた相談から読まれても大丈夫です。

すでに記したように、トラブルの解決には説明の根拠が大きな意味を持ちます。本書は、すべての相談に対して、回答に根拠を記載することを心がけました。タイトルに「決定版」を含めたのはこのためです。より具体的で説得力のあるものにするため、回答には、できる限りトラブルの背景まで書き込むようにしました。

現実に多いのは、部下の立場である従業員側からの相談です。従業員が働きやすい職場を作るのは会社の責任です。本書は、特に部下を持つ管理職や人事部門の方に読んでもらいたい1冊です。

なお本書は、筆者が日経クロステックに連載している「職場のトラブル相談室」「ＩＴ職場のトラブルＱ＆Ａ」の内容を厳選し、加筆・再編集したものになります。

杉本一裕

目次

第1章

採用・人事異動に関するトラブル

ＩＴ企業には中途採用や転職がよくあります。従業員を雇う時、書類選考や採用面接を実施します。特に中途採用の場合は即戦力になってもらえるスキルやノウハウがあるのかを会社としては見極めたいところです。

応募者は、高く評価してほしいがゆえに武勇伝を語ってしまうことがあります。前職では、事業推進のキーパーソンとして部門を率いて活躍したと、風呂敷を広げすぎたアピールをしてしまう方がいます。前の会社を円満退職したと語っていた人が、実は解雇されていたということもありました。

不採用に至った場合、理由を聞いてくる応募者もいます。採用後は、異動に伴うトラブルはつきものです。特に引っ越しが伴う転勤や転籍は、心労も大きく嫌がる従業員も多いです。ＩＴ企業では、企業グループの再編、ユーザー系システム子会社のＭ＆Ａ（買収・合併）などによって転籍を伴う異動も増えています。転籍は、今の会社を退職して別の会社に入社することになるので本人の同意が必要です。

こういった採用や異動でよくあるトラブルの相談を取り上げました。次の5つになります。

- 中途採用に応募したITエンジニアに不採用の理由を教えるべきか？

・採用時に身元保証書を提出させたいが、実施しているＩＴ企業はどの程度なのか？
・退職した部下に関する外部からの問い合わせがあった時の対処法は？
・プロジェクトリーダーと仲が悪いからという理由で転勤命令を出せるか？
・関連企業への転籍出向を打診されたら断れない？

01 中途採用に応募したＩＴエンジニアに不採用の理由を教えるべきか？

相談

42歳、転職活動中のＩＴエンジニアです。経験とスキルはあるほうで、中規模以上のＩＴ企業を狙って応募しています。あるＩＴ企業の書類選考を通過し、面接を受けました。面接は好感触でしたが結果は不採用でした。不採用の理由が知りたくて連絡しましたが、答えてくれません。採用担当者から不採用通知の内容と同じことを言われただけです。理由ぐらい教えてくれてもいいと思います。いかがでしょうか。

回答

相談者は、面接での雰囲気は良くて好感触だったと言います。不採用の理由を知りたいという気持ちは理解できますが、会社には採用の自由があります。不採用だった場合にその理由を述べる義務はありません。

仮に、面接まで終えた相談者に不採用とした個別の理由を伝えたとしましょう。会社にとっては、不要なトラブルに発展するリスクがあります。相談者が望む（納得する）ような理由を具体的に述べる会社は、筆者が知る限り、ありません。

相談者は経験やスキルに自信を持っています。一方、会社側は期待する経験や能力、スキルが不足していると判断したとします。相談者は、どのような表現で伝えられても、不採用の理由に立腹することでしょう。納得できずに反論したくなるはずです。

相談者が会社に不採用の理由を聞けたとしても、「総合的に評価した結果です」といった抽象的な回答をもらえる程度です。不採用通知の内容と同じです。

筆者は職業柄、会社が用意する不採用通知をたくさん見てきました。採用側の会社から、不採用通知の体裁や文章、通知方法について相談を受けることがあります。

通知にはおおむね、郵送やメールを使います。不採用の理由は書きません。会社によって表現の違いはありますが、不採用通知には3つのことが書かれています。要約すると「選考について慎重に検討した」「多数の応募の中からの判断であり残念」「今回は採用を見送る」という文章です。

表現に少々の違いはあっても、骨子は同じです。このほかには、応募書類の返却有無や取り扱いについての記載があるぐらいです。

不採用の理由はさまざま、業界は意外に狭い

不採用の理由はさまざまです。面接官による違いもあります。

筆者が記憶している、不採用に至ったケースをいくつか紹介します。ＩＴ企業や一般企業の情報システム部門での中途採用に関するものです。

転職をやたらと繰り返している応募者がいました。面接では、面接官は転職回数の多さゆえに、何か問題があったのではと気にしました。質疑応答の中で、協調性に乏しく、どこか不満を抱えている人物のようだと判断しました。もし本人から不採用理由を聞かれても、「協調性がなさそうだ」「転職が多すぎる」といった面接官が感じた主観的理由を本人には伝えられません。

判断には、転職してきた企業規模、面接時の心証や面接官の考え方などいろいろな観点が影響します。転職を繰り返すのは裏を返せばスキルがあるからだ、と判断されることもあります。大手ＩＴ企業での経験は評価がプラスになるようです。

面接で、風呂敷を広げすぎて不採用になったＩＴエンジニアがいました。役職や武勇伝を語りすぎたのです。ほかにも、勤めていた会社を犯罪が理由で退職したＩＴエンジニアが事実を隠して応募したことがありましたが、不採用になりました。

これらのケースは、応募者を直接知っていた、あるいは間接的に知る人物が社内にいたので事実が分かったのです。それを「役職や武勇伝は嘘なのでは」「（前職で）解雇されたのでは」と本人に伝えるわけにはいきません。

ＩＴエンジニアは同じ業界へと転職することが多く、「ＩＴ業界は広いようで意外と狭い」と思ったものです。

期待するレベルのＩＴエンジニアがいなくて、中途採用の応募者全員の採用を見送ることもあります。通知で「全員不採用になりました」と伝えるのもおかしいです。

繰り返しますが、会社には不採用の理由を答える義務はありません。相談者は不採用になったそのＩＴ企業は忘れて、新たな転職活動に注力することをお勧めします。

ココ大事

会社に不採用の理由を答える義務はない

02 採用時に身元保証書を提出させたいが、実施しているＩＴ企業はどの程度なのか？

相談

中堅規模のシステム開発会社で役員を務めています。当社では現在、身元保証書を入社時に受け取っていませんが、社内の不正行為を抑止するために今後は提出してもらおうと考えています。顧客情報の漏洩防止にもなるはずです。取引先のＩＴ企業に聞いたところ、身元保証書は提出させていないとのことでした。身元保証書を提出させている企業は少ないのでしょうか。

回答

一般に、身元保証書を求めている企業は多いと思います。筆者が顧問先や就業規則のチェック・指導をした会社の状況から把握している限りでは、ほぼすべての会社が身元保証書を入社時に求めています。

ほとんどの企業では、就業規則の最初のほうに採用に関する条文があります。そこに、会社が入社時に提出を求める書類が書かれています。

提出書類には身元保証書、住民票記載事項の証明書、源泉徴収票（ほかに給与所得があった者)、年金手帳(すでに交付を受けている者)、雇用保険被保険者証(すでに交付を受けている者)、給与所得者の扶養控除等(異動)申告書、健康保険被扶養者届、ほかにも誓約書や同意書の関係書類などいろいろあります。「身元保証書」という記載がある会社は、提出させていることになります。

不正行為はどこでも起こり得る

出来心で、悪いことをしてしまう社員はいます。社内システムの運用で、チェックやコントロール機能が脆弱になるほど、個人的な不正行為が起こりやすくなります。例えばカラ出張や虚偽の出勤、金銭の搾取や商品の盗難、情報漏洩などです。

十分にチェックしていれば不正行為を防げたかもしれません。もちろん、不正行為をする社員が一番悪いのですが、人やシステムのチェック/コントロール次第で不正に至らなかった場合もあるはずです。

こういった不正行為について複数の会社から相談を受けてきました。どの会社でも起こっている、あるいは起こり得ることです。

カラ出張や虚偽の出勤は、出張していないのに出張処理していた、休日出勤や残業をしていないのに勤怠時間として申告していたというものです。出張や休日出勤の承認ルールがあってないような状態である、残業についていい加減な管理をしている会社で起こりやすいといえます。会社に知られて、自ら退職に至り、退職金から返済した社員もいます。

あるＩＴ企業では、顧客先に納入するパソコンを水増し発注して、自身のものにしていた社員がいました。パソコンの横流しも、人とシステムの両面でのチェック機能が万全であれば防げたと思います。

販売業では、棚や倉庫から商品がなくなることがあります。わざと目立つように監視カメラを設置したり、カメラの設置を周知したりしていれば、盗難は防げたかもしれません。

賠償限度額の記載が必要に

身元保証書を提出するには、誰かが身元保証人にならなければなりません。身元保証人には、親や家族がなるケースがほとんどです。身元保証人になるよう依頼した人は、相手から署名や捺印《なついん》をもらったときの記憶が残っているのではないでしょうか。身元保証人に迷惑をかけてはいけない、不正な行為をしてはいけないという気持ちが、不正行為に対するブレーキになっているはずです。

身元保証書には、「採用されるに当たり本人の身元を保証する」「会社に損害を与えたときは、本人と連帯して損害額を賠償する」「保証期間は契約から5年間とする」などの文言が記載されています。有効期間は、記載がなければ3年です。記載する場合でも最大5年までとなります。

損害額の賠償は、民法の改正により2020年4月から、限度額の記載が必要になりました。それまでは限度額の記載がなく曖昧だったので、身元保証人は不安だったでしょう。身元保証書を提出させているとしても、会社の損害すべてが身元保証人の責任になるわけではありません。不正行為はおおむね就業中に起こり、起こした社員の不始末なので、会社側にも採用責任や管理監督責任があります。その事情を考慮して、筆者の顧問先企業の多くは限度額を100万円程度にしています。

他の企業の限度額は測りかねますが、高くても200万円ぐらいまでが妥当だと筆者は考えます。不正行為は、本人が責任を取るべきで、身元保証人には迷惑をかけないようにしてほしいものです。

上述のカラ出張や盗難などは社内の不始末の話です。一方、顧客のシステム開発や運用をしているIT企業では、顧客の重要な情報の漏洩リスクが考えられます。相談者が考えるように、少しでもリスク低減を図るために身元保証書を提出させたほうがいいと思います。相談者の意見に賛成です。

ココ大事

身元保証書は原則提出。賠償限度額の記載が必要

03 退職した部下に関する外部からの問い合わせがあった時の対処法は？

相談

IT企業の部門長として、複数プロジェクトのシステム統括責任者をしています。昨年退職した部下のことで、当時の立場や役割を教えてほしいと某社より問い合わせがありました。「お答えできない」と言って電話を切りました。こんな問い合わせを受けるのは初めてです。答える人はいるのか、気になっています。

回答

前職に関する第三者からの問い合わせだと推測します。キャリア採用時の問い合わせか、あるいは採用後に業績やスキルなど聞いていた話と乖離《かいり》があり疑わしいということで前職の上司（相談者）に問い合わせがあったのかもしれません。

採用面接では、誰しも自らを加点してアピールしがちです。幹部や部長クラスの採用では、前職でのポジションや年収を引き合いに交渉することもあります。採用側としては本人の発言の真偽が気になるところです。

前職照会にむやみに答えない

ですが、特別なものだと意識していなかった昔とは違って、個人情報は大切に扱わなければなりません。相談者は答えなくて正解でしょう。連絡してきた会社は、本人（元部下）の同意を得て問い合わせてきたのかもしれませんが、相談者には分かりません。

個人情報保護法は2003年に部分的に施行され、2005年に全面施行されました。法令の施行に伴い、企業は個人情報の取り扱いについて慎重になりました。個人情報の漏洩問題が起こらないように社員教育で意識を高め、管理を徹底しています。

個人情報を適切に扱う事業者に与えられる「プライバシーマーク」の取得もその1つです。その後、2016年にはマイナンバー制度の運用が始まりました。マイナンバーを含めて個人情報の重要性を人々はより強く意識しているはずです。

筆者の顧客で、人事部の年配社員から、昔は前職照会の電話があったと経験談を聞くことがありましたが、今ではほとんどないようです。あっても答えないようにと人事部内で周知されています。

退職した元部下について話したことで、本人（元部下）が不利益を被るかもしれません。本人がそういった事情を知ると、前職の会社との間で「個人情報の漏洩だ」というトラブルに発展する可能性もあります。

一方、相談のケースとは異なり在職している社員について、「別会社をつくって経営していないか」「他の会社の役員になっていないか」という点を調査する場合があります。疑わしい社員が発覚したときの話で、筆者が顧客を通じて見聞きしてきたことです。

退職証明書や離職票などが判断材料に

キャリア採用で、社内システムの開発責任者としてプロジェクトリーダーを求めていた会社があります。大手ＩＴ企業出身者の採用に至りましたが、実際に雇ってみるとプロジェクト管理ができなくて問題になったことがあります。

特に高い年収を約束して雇った場合で、期待していたスキルとの相違があったときは、採用した会社は不満に思います。きつい言い方ですが、採用する側に見る目がなかったということです。採用判断を大きく見誤るような候補者の嘘があれば問題ですが、本人のアピールで少々の武勇伝は織り込み済みで判断しなければなりません。採用責任は会社にあります。

別のＩＴ企業では、面接時に候補者が「前の会社を円満退職した」と言っていたのに、実は解雇されていたということがありました。これは噂から事実が分かったものです。

ＩＴ企業から別のＩＴ企業への転職は多いので、転職しても、以前対応していた顧客と仕事することになったり、取引先が重複したりする場合が当然あります。そういった人間関係から人づてに知ることになったわけです。採用には、こういうことも起こります。

期待の行き違いなどを防ぐため、採用側としては、候補者本人から「退職証明書」や「離職票」などを提出してもらって確認しておくといいでしょう。前職の会社に問い合わせたり、調査会社に頼んだりしなくても一定のことは分かります。こうした書類のコピーを本人に自ら提出させれば、不要なトラブルになることはありません。

例えば運転業務で従業員を雇う場合は、安全運転してくれるかが気になるところです。「運転記録証明書」を提出してもらうことで過去の交通違反などの履歴が分かります。このように公の書類からだけでもある程度の情報を得ることができます。

労働基準法により、退職証明書は、退職者から勤務していた会社に請求があれば発行しなければなりません。記載内容は「使用期間」「業務の種類」「その事業における地位」「賃金」「退職の事由」です。退職証明書で業務や役職、退職理由などが分かります。これらの記載項目は請求者（退職者）が選ぶことができます。採用側は必要とする記載項目を本人に伝えて、提出してもらえばいいわけです。離職票では、有期雇用だったのか、契約期間満了での離職なのか、会社都合での離職なのかなどが分かります。離職票は失業給付や国民年金保険料の免除申請で必要になります。退職後に郵送などで離職票を受け取っている社員は多いはずです。

採用時に「誓約書」を提出させている会社も多いです。「経歴書や職務経歴書に偽りはありません」と記載されていると思います。入社後に嘘が発覚した場合に、本人が困ることになります。

繰り返しますが、相談者は不用意に元部下に関することを答えなくてよかったのです。今後同じようなことで迷ったときは、現場で判断するのではなく、まずは会社（人事部）に相談したほうがいいでしょう。

ココ大事

退職証明書や離職票を活用すればいい

04 プロジェクトリーダーと仲が悪いから という理由で転勤命令を出せるか？

相談 関西在住のシステムエンジニア（ＳＥ）です。プロジェクトリーダーと仲が悪いです。性格的に合わないので、よく口論になります。仲が悪いのは、部門長も他のメンバーも知っています。先日、首都圏のプロジェクトに移ってもらうという話が部門長からありました。仲が悪いからに違いありません。転勤になるので嫌です。こんなことで転勤を命令できるのでしょうか。

回答 「仲が悪い」「嫌いだ」という理由での転勤命令に合理性はありません。感情に任せた嫌がらせの転勤はさせられません。「嫌いだから転勤させる」と説明する上司はあまりいないと思います。

部門長やプロジェクトリーダーから、明確な発言があったのでしょうか？「仲が悪いからに違いありません」とは相談者の推測かもしれませんが、ここでは転勤させられる理由が「仲が悪い」ということで進めます。

人間なので、誰でも好き嫌いはあります。プライベートでは嫌いな人と付き合わなければいいだけです。でも会社ではそういうわけにはいきません。嫌いな上司や同僚、部下とも関わっていくことになります。

嫌いだ、顔も見たくないというような感情的な理由で、気にいらない社員を転勤させることはできません。嫌がらせ行為であり、会社は、不当な目的で社員を転勤させることはできないからです。

ほかにも、転勤させられない場合があります。勤務地を限定している場合です。労働契約書に「転勤はない」と明記している、あるいは社内制度上で勤務地限定職（地域限定社員）の社員がこのケースに当たります。

上司は、部下にやむを得ない特別な事情があるときも考慮してください。例えば介護が必要な家族がいて同居の必要があったり、重い持病があり専門的な病院が限られていたりする場合などです。

転籍を伴う転勤については、本人の同意が必要です。転籍は今の会社を退職するということです。一方的に退職を命令することはできません。

転勤は勤務地が変わります。引っ越しが伴い、肉体的、心理的にも負担があります。業務上の正当な理由がない転勤命令は、認められるものではありません。

正当な転勤理由はいろいろあります。プロジェクトの売り上げが足りないので他のプロジェクトに移る、本人の能力を底上げしたい、他プロジェクトで対応している業務（例、生産や販売管理）を経験させたい、配置転換で組織の活性化を図りたい、などです。

ただし、相談者のケースは、仲が悪いのが周知の事実とのことです。プロジェクトの進捗やチームワークに多大な影響が及んでいるのかもしれません。感情的になり、自分だけリーダーの業務命令に従わないといった状況であれば、チーム編成の見直しも甘受しなければなりません。

重要人物になるようスキルアップを

相談者は、ポジティブ思考で、転勤は自らのレベルアップにつながると考えたほうがいいです。大きなプロジェクトを経験して、さらにノウハウやスキルを磨いて一目置かれる存在になってください。自分の意見が社内でも通りやすくなります。

「嫌いなリーダーと離れられてよかった」程度で割り切りましょう。首都圏と関西圏という地域的な特性や、顧客の業種などの違いを経験すると、新たな発見があると思います。後でよかったとなるはずです。

転勤により新たな経験ができると考えましょう。転勤でいろんな地域に行き、働けるチャンスがあるのは、会社員のときだけです。

ココ大事

感情的な理由による転勤は認められない

05 関連企業への転籍出向を打診されたら断れない？

相談

メーカー勤務のSE営業職です。関連企業への転籍出向を命じられました。給与や勤務条件は現状とほぼ同じです。会社は「異動の規程にも書いてあるので従ってほしい」と言います。嫌でも承諾するしかないのでしょうか。

回答

異動の規程というのは、就業規則にある異動関係の条文のことでしょう。通常「転勤や出向、配置転換など異動を命ずることができる」と書いています。

筆者は顧客先への指導や企業研修を通して、数百社以上の就業規則を見てきました。異動のなかに「転籍」や「転籍出向」も加えている会社があります。

相談者の会社も同様なのかもしれません。では、記載があるということで転籍を命令できるのでしょうか。

転籍や転籍出向（以下、転籍）は、今の会社を辞めることになります。出向という表現から、また戻ってくるようなイメージがあるかもしれません。それは違います。

退職が伴わない出向は「在籍出向」のことです。勤めている会社の社員として、他の会社に勤めることになります。通常、出向と言えば在籍出向をイメージします。

転籍では、現在勤めている会社との雇用関係が終了します。転籍する会社で新たな雇用契約の下で働くことになります。

退職することになりますので、転勤や在籍出向、配置転換などの異動とわけが違います。会社が一方的に転籍（雇用の契約終了）を命ずることはできません。異動命令できるのは、転勤や在籍出向、配置転換などです。転籍には社員の同意が必要です。相談者の会社は、相談者の同意を得なければなりません。

「従ってほしい」という表現は、同意を求めているということです。相談者の年齢が分かりませんが、60歳の再雇用のときであれば転籍もあり得ます。

企業は65歳まで働ける環境を用意しなければなりませんが、再雇用の際に従前の労働条件まで保証するものではありません。再雇用制度では、定年退職する日とほぼ同時に新たな労働条件で勤務することになります。いわば同じ会社に再就職したことになります。

大企業にはグループ会社がたくさんあります。会社は、例えば社員を子会社へ転籍させて、その子会社で65歳まで雇用するということでもいいのです。グループ会社の転籍元と転籍先の会社が密接な関係にあり、65歳まで雇用できる環境にあることが必要です。

再雇用制度が生まれた理由

多くの企業が定年退職の年齢を60歳と定めています。昔は60歳から厚生年金が支給されていました。今では65歳からの支給が原則になります。ただし、現在は経過措置中であり段階的に65歳へと近づいています。

60～65歳が無年金となれば生活に困ります。そこで、高年齢者雇用安定法の改正（2013年）により65歳までの雇用が義務化されました。定年を65歳にする、あるいは再雇用制度で65歳まで働けるようにする必要が企業に生じたのです。多くの会社は、再雇用制度を選択しています。

相談者は、再雇用時における子会社への転籍を打診されているのでしょうか。そうではなく、現役の社員でしたら命令に従う必要はありません。同意するかどうかは本人次第です。

ＳＥで営業活動もできる人材は多くはないと思いますので、活躍の場はありそうです。今の会社での立場や役割と、新天地となる転籍先での業務内容を比較し、将来のことを考えて返答なさってください。

ココ大事

転籍は命令できない

第2章

労働時間に関するトラブル

いうまでもありませんが企業は、労働時間に対して給与を支払います。労働基準法や最低賃金法では、残業時間に対する割増賃金のことや1時間当たりの最低単価が決められています。

出張先への往復時間は労働時間になるのか。会社から貸与スマホを持ち歩くよう指示されている時間は労働時間なのかといった疑問を持つ方は多いでしょう。併せて残業時間とは何を指しているのかを解説しました。会社に残って仕事をしている時間が残業だと理解していても、必ずしも法律上の残業時間と一致するわけではないからです。ソフトウエアという目に見えない商品を扱うＩＴ企業ならではの相談もあります。

これらを踏まえて労働時間に関するよくあるトラブルの相談を取り上げました。次の6つになります。

・日帰り出張で新大阪へ午後9時に戻ったのに移動時間は残業扱いにならない？
・会社スマホを持ち歩いている間は労働時間になる？
・きちんと管理したい残業時間、何をもって「残業が多い」と理解すべきなのか？
・月20日で１６０時間勤務が前提の要員計画で残業が常態化している
・2倍のプログラムを製造しても、残業時間の長い同僚のほうが給与が高く不満

・残業命令書の時間しか残業を認めない職場はおかしくないか

06 日帰り出張で新大阪へ午後9時に戻ったのに移動時間は残業扱いにならない？

相談

関西在住のSEです。現在、東京の顧客対応をしています。月に2回、東京へ日帰り出張して長丁場の会議をこなさなければなりません。早朝に出発し、新大阪駅に戻るのは午後9時ごろです。勤務表に業務終了時刻を午後9時と記載したところ、移動時間は残業（労働）扱いにならないと会社に指摘されました。上司の承認済みですが、確認していなかったようです。都内の同僚は日中に移動し、この時間は労働扱いです。同じ移動時間なのに、労働扱いになったりならなかったりするのはおかしいと思います。

回答

筆者も昔、プロジェクト会議で、毎週金曜日に大阪から東京に日帰り出張していたことがあります。遠地への日帰り出張は疲れるものです。

管理監督者になるまでは残業手当が付きます（通常、会社では課長以上を管理監督者として位置付けています）。出張は命令によるものなので、「移動時間も含めて労働ではないのか？午後9時までが残業だろう」という相談者の気持ちは分かります。

原則、移動時間は労働にならない

SEは現状分析や要件定義フェーズなど、顧客と頻繁に打ち合わせをします。顧客の要望をシステム要件として設計書にまとめていくのが仕事だからです。

顧客の場所が遠いほど、移動時間は長くなります。出発は早く、帰宅は遅くなるので疲れます。それなのに移動時間が労働時間とならないのは、「不満だ」「おかしい」という意見を耳にします。

原則、移動時間は労働にはなりません。通勤時間と同じだと考えてください。前日移動など、休日に出張移動することもあります。金曜日の出張で遅くなると、泊まってから翌日の土曜日（休日）に帰ることもあります。これらの休日移動も同様です。

一方、移動中であっても、上司命令で仕事をしている場合は労働になります。例えば同行している上司から議事録の作成を命じられた、電話で逐次指示を受けながら緊急で提案書の修正を命じられたというような場合です。

車中で居眠りもできない、雑誌も読めない、帰りにアルコールも飲めない、スマートフォンで動画視聴もできないというように自由ではない状態になります。これは、労働時間です。

就業時間に絡む移動の3パターン

所定労働時間帯の移動については労働しているものと考えます。例を挙げて解説します。ここでは、所定労働時間帯は午前9時～午後6時（昼休み1時間）とします。

・就業時間内に移動を終えている場合

午前10時に会社を出て会議に出席、終了後に定時終了時刻までに会社に戻ってきて午後8時まで仕事をした場合などが該当します。この往復の移動時間は、労働時間扱いになります。午後8時まで仕事をしているので、2時間の残業となります。

・前日の就業時間内から移動を開始した場合

出張先が遠地のため、前日午後3時から現地の宿泊先ホテルへ移動した場合などがこれに当たります。地方出張の場合、飛行機など交通手段の制約から、前日移動はよくあることです。移動途中に定時終了時刻の午後6時になります。それまで仕事をしていたと考えます。

・直行直帰で、就業時間外に移動がある場合

相談のケースです。直行直帰の日帰り出張で往路の新幹線に乗車したのが午前7時、会議を終え復路の新幹線を降車したのが午後9時と想定しましょう。遠地出張では、電車や新幹線などでの移動中に始業開始時刻や終了時刻になることが多々あります。その場合、始業時刻から終了時刻まで仕事をしたと見なします。それ以外は通勤時間と同じ扱いで、労働時間扱いになりません。

出張を含め近隣顧客への訪問についても考え方は同じです。顧客先へ直行するため、いつもの通勤時刻より早く家を出たとしても、その移動時間は労働時間になりません。会社によっては、訪問先までの距離や所要時間で独自ルールを設けて労働時間扱いとしている場合もありますので、確認してください。

出張手当で我慢する

相談者がおかしいと指摘する移動時間は、残念ながら労働時間（残業）になりません。会社は間違った運用をしているわけではないのです。

会社は「出張旅費規程」と呼ばれる規程を用意しており、これを基に経費を処理します。出張旅費規程には出張手当（日当）があります。日当は食事代補助や移動疲れの慰労目的

で支給されます。移動距離や役職別で金額が変わったり、休日移動において手当が加算されたりすることが多いです。

相談者は、日当が移動疲れに対する手当だと割り切って我慢するしかなさそうです。

ココ大事

移動は通勤時間と同じだと考えればいい

07 会社スマホを持ち歩いている間は労働時間になる？

相談

テクニカルSEとして複数のプロジェクトで技術的なサポートをしています。

1つのプロジェクトでスケジュール遅延となり、メンバーは休日出勤しています。「問題があれば連絡するのでアドバイス対応してほしい」と言われています。スマホを持ち歩いている時間は労働時間として扱っていいのでしょうか。

回答　会社貸与のスマホ（会社スマホ）を持っている社員は多いでしょう。電話対応している時間は労働になりますが、持ち歩いている時間すべてが対象になるわけではありません。通常の休日と同じく、スポーツジムや映画鑑賞、旅行に行くなど行動が制限されず自由であるのなら労働時間ではないということです。

相談者のようにアドバイスを求められるかどうか不明なら、結果的に連絡を受けないこともあるでしょう。行動に制限がかかっていないため、労働時間とはなりません。

顧客対応した時間は労働

もちろん連絡があって、顧客対応した時間は労働です。夜間対応の宿直については、宿直室で睡眠や読書が可能です。しかし、場所・行動ともに制限されますので何もなかったとしても宿直手当の支給など考慮が必要です。

会社は、仕事とプライベートを分けて管理するためにも会社スマホを社員に与えるのがベストです。しかし、企業によっては費用面から社員への貸与が難しい場合もあり、会社スマホを持っていない社員がいます。このような場合、個人所有のスマホを業務連絡用にも使用している会社があるでしょう。普段から上司や同僚が個人スマホに連絡してくるのではないでしょうか。

都度、業務用に使った個人スマホの通話代を精算するのは無理です。個人スマホの使用手当を毎月定額で数千円支給するなどの考慮をしたほうがいいでしょう。

労働時間とは、時間や場所が拘束されて働いている時間になります。社外でも同じです。営業やテレワーク勤務者も与えられた仕事をしています。社外だからといって自由に行動できるわけではありません。

出勤している日は、出社から退社までが労働時間になります。プライベートタイムは含みません。例えば、社内でお花や将棋、囲碁などの同好会に参加している時間です。業務が終わったのに、だらだらと同僚と雑談している、飲み会までの時間があるので居残っているなどの時間も労働時間ではありません。これらのプライベートな居残り時間については、後々になるほど曖昧になりますので除外時間として勤怠管理を行っている会社が多いのです。

平日・休日の切り替えは電源のオンオフで

イレギュラー対応がない通常の休日は、会社スマホの電源を切っておく、もしくは出ない、見ないとメリハリをつけるほうがいいかもしれません。会社スマホで着信やメールを確認しなくても、休日は拘束されない自由時間なので問題ありません。

ただ個人によって考え方は異なります。会社のことが気になる社員にとっては、会社スマホの着信やメールを確認しないほうがストレスになるかもしれません。いずれにせよ、積極的に頻繁に確認する必要はないでしょう。本当に緊急の場合は、個人所有のスマホや携帯に連絡があると割り切って休日をエンジョイしてください。

ココ大事

行動制限がなければ拘束時間ではない

08 きちんと管理したい残業時間、何をもって「残業が多い」と理解すべきなのか？

相談

10人ほどのチームのリーダーを務めています。会社から最近、働き方改革の一環としてメンバーの残業時間をきちんと管理するよう言われています。しかし現場は多忙なうえに、何をもって「残業が多いのか」がよく分かりません。メンバーの健康障害を避けるのは当然ですが、どんな管理をすべきなのでしょうか。

回答

よくある相談です。実は残業時間の集計方法については、会社も社員も間違って理解しているケースが多いようです。これは、給与明細や勤怠管理の残業時間と、労働基準法が定義する残業時間の集計方法が異なることに起因しています。

　とはいえ、長時間残業による過労死や健康障害が問題視されるなか、残業時間に対する管理責任はこれまで以上に強く問われるようになりました。そのためにも残業への正しい認識が不可欠です。

まずは残業の定義を知る

　まずは残業の定義を理解しましょう。労働基準法による「残業」とは、1日8時間・週40時間を超えた分の時間です。会社はこの時間に対して、25％以上の割増支給をしなければなりません。また週に1日は、法定休日が必要です。法定休日については、35％以上の割増支給となります。過重労働の根拠となる残業とは、これらの時間を合計した「法定外残業」を指します。

「残業（法定外残業）」の定義

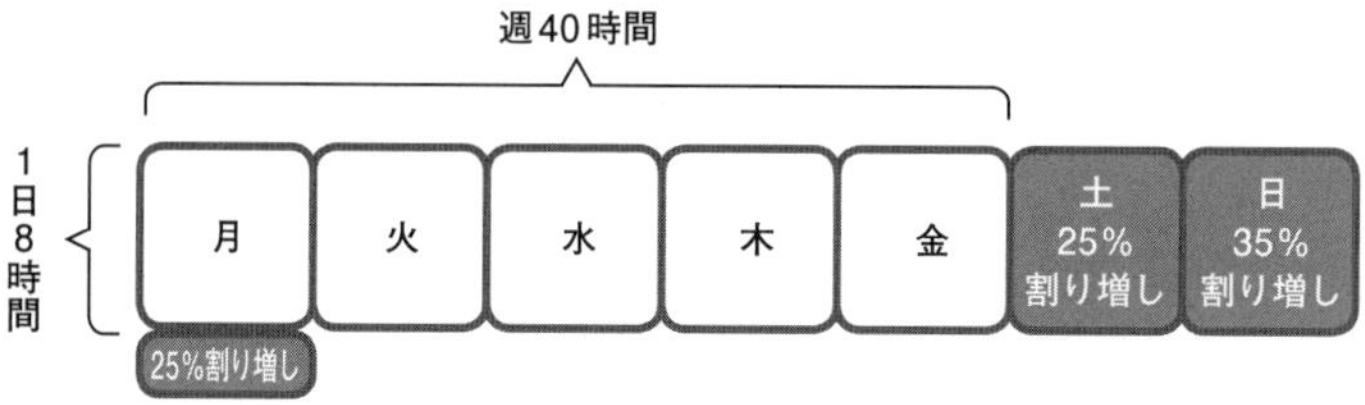

出所：筆者

上の図では、週休2日を想定しています。この場合、土曜日は所定休日、日曜日が法定休日となります。このほか、会社は深夜や月60時間を超えた部分の割増率をさらに上げなければなりません。

問題は、会社が管理する残業時間が、働き方改革で本来管理すべき法定外残業ではないケースです。以下、3つのケースに分けて、具体例を挙げながら解説しましょう。

・1日7時間勤務の会社で毎日8時間働く

最初は、1日の勤務時間が8時間よりも少ない例です。勤務時間が9時から17時までで、昼休みが1時間ある場合などが該当します。

仮に平日20日働けば、給与明細には25%割増の残業時間として「20時間」が記載されるでしょう。しかし、1日8時間・週40時間を超える残業（法定外残業）はあくまで「0時間」です。

このケースで問題になるのは、例えば「残業が多い！」と指導しても、本来管理すべき法定外残業はゼロなことです。健康障害の根拠となる残業時間は0時間であり、「残業が多い！」という間違ったメッセージが、現場にストレスを与えかねません。

・午前半休後に8時間働く

このケースも、給与明細と法定外残業の時間が異なります。あくまで法定外残業は、1日8時間を超えた時間です。つまり、午前半休を取得しても、勤務時間が8時間を超えないなら、法定外残業は「0時間」です。

ただし、これでは給与計算が煩雑になるので、定時後の時間帯をすべて残業時間とする会社が目立ちます。本来は残業ではないのですが、社員から見ると、あたかも残業をしたという認識になります。

・平日に1日休み、土曜日に出勤する

これも誤解を招くケースです。例えば毎週土曜日（月に4回）に8時間働くと、1カ月で計32時間の勤務となります。この場合、32時間分が休日残業時間や普通残業時間として、25％割増で給与明細に記載されます。

ところが毎週平日に1回休んでいるのであれば、トータルの時間は変わりません。残りの平日の勤務時間がすべて8時間なら、1週間の勤務時間は40時間、法定外残業は0時間となります。

会社にとっては休日の有無を考慮して給与を計算するのは煩雑です。なので、土曜日に出勤した分をすべて残業として扱う企業が多くあります。土曜日と日曜日で割増率を変えるのも煩雑なので、高いほう（35％）に合わせる会社が多いです。給与面から見れば、社員にとってプラスです。しかし法令上の管理すべき「残業」とは異なるので、間違わないように注意してください。

「実就労時間」と「健康視点残業」を管理する

このように、会社の給与明細や勤怠管理の残業時間は法定外残業ではない場合がありま す。そこで、現場の管理職には「実就労時間」と「健康視点残業」という2つの時間の管理をお勧めしています。

実就労時間とは、実際に勤務した労働時間のことです。法定通り働けば、暦日30日の6月なら171・4時間（30日÷7日×40時間）の労働月となります。171・4時間の時間に対して実際に何時間働いたのかを表すのが実就労時間です。

これに対して健康視点残業とは、休日出勤を含めた残業時間の合計のことです。働き方改革で、健康面からの視点で合計残業は単月１００時間未満とし、複数月（２カ月〜６カ月）の平均で80時間を超えることはできません。これは、どの２カ月〜６カ月平均を取っても1月当たり80時間以内としなければならないという意味です。

また、「過重労働による健康障害防止のための総合対策（厚生労働省）」では、月45時間を超える残業で健康障害のリスクが高まるとされています。法定外残業時間を集計するにはシステムの変更が必要です。このため実際は、実就労時間から法定通りの労働時間を引いた時間とします。６月の例でいえば、１７１・４時間を超えた部分が健康視点の残業です。

実就労時間が約２５０時間だと80時間程度の残業をしていることになります。簡単に分かるので、判断の目安にしてください。

健康視点残業の時間が大幅に増えていれば、過重労働と判断できます。メンバーの生産性を見る場合も、実就労時間や健康視点残業といった働き方改革の視点からの残業時間に目を向けなければ、間違った判断につながりかねません。

ココ大事

1日8時間・週40時間を超える時間が残業

09 月20日で１６０時間勤務が前提の要員計画で残業が常態化している

相談

29歳のＳＥです。先月から休日出勤続きで、今月も平日残業はもちろん、休日出勤が多くなりそうです。顧客に提示した見積もりと一致する受注プロジェクトなら残業はないはずだと不思議に思っています。要員計画は月20日で１６０時間働く前提ですが、入社以来、すべてのプロジェクトにおいて残業があり、つらいことがあります。残業が多いと割り切っているＩＴエンジニアもいますが、残業が常態化している現状はおかしくないでしょうか。

回答

残念ながら相談にあるプロジェクトは、最初から残業が当然という要員計画です。１人月を「１日8時間、月20日で１６０時間働く前提」としています。月の就労日数が平均20日だとすると、順調なプロジェクトであっても必ず残業が発生します。

さらに、要件定義の見直しによる仕様変更やシステムトラブルが重なったときは、過重労働（長時間残業）になるわけです。

以下、順調なプロジェクトでの相談だとして述べます。

社内作業や有給休暇を考慮していない

相談のケースは、システム開発の要員計画において１人月１６０時間としてスケジュール化しています。

個人の要領や能力に差はないとして要員計画の通りにプロジェクトが進行すると仮定します。極端な例ですが、総開発工数が50人月で期間が10カ月だとします。物理的に５人投入すれば、残業もなくスケジュールの通りにプロジェクトは完結します。

相談者は「顧客に提示した見積もりと一致する受注プロジェクトならば残業はないはず」と考えています。まさにその通りです。純粋にシステム開発の仕事しかしていない場合は、相談者の言う通りであり残業は発生しません。

順調なプロジェクトであっても現実はそうなりません。システム開発以外の仕事があるからです。その分は、確実に残業になります。

システム開発以外の仕事を思い浮かべてください。社内・社外研修の受講、人事考課関係の目標設定や業績シートの作成、上司との面談があります。所属部門の会議への出席もあるでしょう。

社内のレクリエーション委員、安全衛生や防災関係の委員、部内のパソコン、スマホといったIT資産の管理担当などに任命されている場合はその仕事があります。加えてプロジェクトの成果発表会、中期計画、新入社員と先輩社員の交流会のための部門やプロジェクトの紹介などさまざまな目的のための資料を作成する必要があるでしょう。

開発標準化や生産性向上に関するチームでの仕事もあります。品質改善のワーキンググループのメンバーになっていてその作業があるかもしれません。ほかにも、間接的な仕事がいろいろあるはずです。

人により間接作業のボリュームは異なりますが、その分がプロジェクトチームやメンバー自身の残業として跳ね返ってくるわけです。仕事は、直接的なシステム開発だけではないのです。間接的な仕事を考慮していない要員計画が多いのではないでしょうか。

有給休暇を積極的に取得するようにという国の指針に基づいて、会社は休暇取得を推奨しています。そうなると、システム開発で1人月160時間としている時点で、残業ありきの要員計画を立てていることになります。相談者が言う通り、おかしいです。

1人月130時間程度での要員計画が妥当

「残業なし」というプロジェクトにするには、間接的な仕事や有給休暇の取得も考慮して要員計画を立てなければなりません。間接的な仕事や有給休暇取得分が、月に30時間あると仮定すると、１人月１３０時間での要員計画が必要なのです。

残業なしとするには、人を増やすかスケジュールを延ばすしかありません。その権限を持つプロジェクトマネジャー（上司）にとって、部下に残業でカバーしてもらうほうがプロジェクトの利益は増えるのでしょうが、利益より、部下の健康配慮を優先させるべきです。

短期的な利益が増えると計算しても、健康を害した部下が休職するとプロジェクトは回らなくなります。増員せず、他のメンバーで補完するというプロジェクトリーダーがいますが、状況としては最悪です。

逆に部下の健康面を配慮して、１人月１３０時間程度で要員計画をしているＩＴ企業は、素晴らしいです。読者の会社は、そうなっているでしょうか。

「昔はもっときつい残業があった」と言う管理職やプロジェクトリーダーがいますが、異常だったのです。過度な残業を強いてはいけません。

残業は多くても月45時間以内に

残業に関して企業が守らなければならないガイドラインを簡単に説明します。上司はもちろん、部下のエンジニアであっても、自身の労働環境に関係するので理解していただきたい内容です。

労働基準法では、1日8時間、週40時間を超えた時間が残業時間になります。これを「法定外残業（時間外労働）時間」といいます。

1日8時間／週40時間で働くとすると、月の労働時間は平均で約173時間になります。28日の暦日の月（2月）は160時間、30日の暦日の月（4月や6月など）は171・4時間、31日の暦日の月（5月や7月など）で177・1時間です。

実際は、会社ごとに決まっている「所定労働時間」を基に計算します。IT企業が定める月の労働時間は173時間よりもっと少ないです。祝日や夏休み、年末年始の休日、会社の創立記念日、個人的な有給休暇の取得などがあるからです。1日の所定労働時間は7・5時間といった8時間未満の会社もあります。

所定労働時間を超える時間を残業としている会社がほとんどです。その場合、法定外残業時間より多く計上されます。

月の残業（法定外残業時間。給与明細書に記載されている所定外の残業時間ではありません）はどんなに多くても、45時間以内にすべきです。月45時間を超える残業は健康障害のリスクが高まるとされています。

労働基準法により、従業員に時間外労働や休日出勤をさせるには36協定（時間外・休日労働に関する協定）届が必要です。残業は法定休日の労働時間（例、日曜日）を含めず、原則で月45時間／年３６０時間が上限となります。

臨時の特別な事情により労使が合意して、さらに延長する場合（36協定・特別条項）があります。筆者が知るすべてのＩＴ企業では、特別条項ありとなっています。

その場合、45時間を超えて残業できる月は年に6回までです。設定できる時間外労働の上限は年７２０時間以内です。

時間外労働と休日労働の合計では単月１００時間未満とし、どの2カ月～6カ月平均を取っても1月当たり80時間以内としなければなりません。プロジェクトリーダーは、自社の36協定（特別条項付き）の上限時間まで部下を働かせて可とするのではなく健康面に配慮してください。

仕様変更や重大なシステムトラブルで、上限に近い残業となることもあるでしょう。それは例外中の例外だと考えてください。いま一度、自身の要員計画を見つめて思慮してください。

相談者も将来は、プロジェクトリーダーとして仕事をすることになるでしょう。要員計画の考え方は理解しておくべきです。

なぜ自社は１人月１６０時間の要員計画になっているのかを上司に確認してください。問題提起すべきだと思います。

ココ大事 残業ありきの要員計画は問題あり

10 2倍のプログラムを製造しても、残業時間の長い同僚のほうが給与が高く不満

相談 大手ＩＴ企業勤務のＳＥです。新卒入社2年目の勤務となります。プログラマーという職種はなくＳＥ職ですが、今はプログラム製造が主な仕事です。学生時代から趣味でプログラムを作るのが大好きでした。上司は、私のプログラム製造が速いとほめてくれます。その分、「これもお願い」とよく追加作業を頼んできます。例えば、私と同僚の先月の製造ノルマは３本ずつでしたが、同僚の遅延により私が４本、同僚は２

本の製造に変わりました。私のほうが2倍製造したのに、給与は同僚のほうが残業しているので多いです。正直、不満ですが問題ないのでしょうか。

回答

入社2年目ということですね。まだ基本給は同期の社員と同じだと思います。差があったとしても、ごくわずかです。基本給が同じなら、残業の多い同僚のほうが支給額は増えます。プログラムを2倍製造しているのにという相談者の不満は理解できます。

相談者の会社では、若い頃はプログラム製造を行いますが、後は設計が主体となるようです。プログラム製造は外部への請負発注が多いと聞きました。

今も昔も同じで、多くのＩＴ企業ではプログラム製造フェーズの見積もりにおいて、各社で設定している生産性指標を用いています。昔とは、対象のプログラム言語が変わっただけです。

プログラムのトータル想定規模と生産性指標から製造工数を算出します。その工数が、顧客に提示する見積金額の根拠になります。

相談者のプログラム製造の生産性は、会社が定めている生産性指標を上回っていると推測できます。つまり、相談者のプログラム製造能力は高いということになります。

製造本数による成果給は可能なのか

相談者が疑問に思うことは経営者側も同じで、プログラム製造の生産性が低い社員ほど経営者にとって悩みが増えるようです。「残業時間が多くなり給与が増える、成果主体の給与にできないのか」「プログラムが構造的でなく分かりにくい」「不具合が多く後戻り工数が発生する」といった愚痴を聞くことがあります。

商品の販売個数に応じて給与が支給される販売員や、タクシーなどのプロドライバーの給与は出来高払いで、分かりやすいです。出来高払いの給与は、実績や成果（出来高）が給与に連動するからです。

SEやプログラマーは、自ら仕事を受注して開発しているわけではありません。営業が受注して、プロジェクトリーダーが仕事を割り振ります。そもそも、プログラム製造がない時期もあります。販売員やプロドライバーのような出来高払いの給与（成果給）にするのには無理があります。

成果がなかったとしても「給与はなし」なんてことはできません。労働基準法（第27条）では「出来高払制その他の請負制で使用する労働者については、使用者は、労働時間に応じ一定額の賃金の保障をしなければならない」とあります。

また、最低賃金法に基づく最低賃金を下回ることはできません。労働基準法や最低賃金法などの法律が時間軸になっています。

相談のケースでは、同僚のほうが仕事をしている時間が長いので、残業手当が多くなっています。不満に思ってもどうしようもありません。

業績を反映して差をつけることができる賞与があります。どの会社でも、「賞与は業績に応じて支給する」と就業規則に明示していると思います。相談者はまだ入社2年目なので賞与も差がないでしょうが、その後、少しずつ優劣が分かれるはずです。

給与での優劣が目に見えてくるのは、昇格のときです。昇格が早いか遅いかで分かります。

プログラム製造が好きなら転職も視野に

相談者の会社にプログラマーという職種はありません。プログラム製造が大好きだとすると、ある意味不幸かもしれません。

プログラム製造が得意でも、顧客と折衝するＳＥに向かない社員もいます。一方でプログラム製造が不得手でもＳＥとしては優秀な社員もいます。またＳＥとしては優秀でも管理職には向かない社員もいます。それでも、順序よくキャリアパスを経なければ昇格できない（給与が上がらない）ので、こういった硬直気味の人事制度は残念です。
ＳＥ職では、管理職登用コースのほかに専門職制度を持つＩＴ企業があります。同じようにスーパープログラマーを優遇する制度があってもいいのにと思います。複線型の人事制度で、選択できるキャリアコースを増やすことです。

相談者は入社してまだ2年目です。これからＳＥ職を経験していくことになります。経験して「面白くない、プログラム製造のほうがずっと好きだ」と思うなら転職を視野に入れるのも一考です。

同じ職種の人々と交友関係を持って見識を広めてください。ゲーム会社や新進のベンチャー企業、顧客の情報システム担当者などいろいろで、刺激を受ける機会が増えます。職場によっては、雰囲気が全く違っていて驚くこともあります。おしゃれなオフィスで1人の占有スペースが広く、ヘッドホンをしてプログラム製造をしている社員もいます。大手ＩＴ企業にはない光景を見るのも良い経験になりそうです。

ココ大事　成果に関係なく残業が多いほど給与は増える

11 残業命令書の時間しか残業を認めない職場はおかしくないか

相談

新卒で入社2年目のSEです。当社では、残業承認ルールで残業命令書の時間しか残業として認められません。「明日までに仕様書を完成させて」「今日中に資料を作っておいて」とノルマを課され上司は帰ります。時間内に終わらず居残りになっても、残業命令書の時間分しか勤怠シートに書けないのはおかしくないでしょうか。

回答

このケースはサービス残業であり、問題です。相談者は仕事をしているので残業になります。残業は命令ありきで行うというルールはいいのですが、残業カットはいただけません。会社は実態を把握し改善する必要があります。

会社は、出社と退社の客観的記録を残さなければなりません。タイムレコーダーや入退館のデータなどです。この時刻と勤怠シートへの記入時間との差分があるほど、サービス残業があると疑われます。

勤怠シートと退社時刻が違う

厚生労働省の指導で、出社や退社の客観的な記録があるはずです。世間で広く使われているのがタイムカードやＩＣカード対応のタイムレコーダーです。ＩＴ業界や大企業においては、社員証によるビルやドアの入退出データを使っています。会社サーバーと常時通信状態でのテレワークでは、ログインやログアウトなどの時間になります。

業務終了時刻と退社時刻は一致しません。誰でも、勤怠シート上の記録と退社の時刻が乖離《かいり》していると思います。仕事を終えてからの帰宅準備、雑談やたばこ休憩、友人との待ち合わせで時間調整などがあるからです。

これらの時間は仕事をしていないので、残業ではありません。ほかに、生活残業のために仕事もないのに居残っている場合もあります。

残業は会社（上司）の指示に基づき行うというルールの励行に問題はありません。生活残業の抑制にもなります。

相談者のケースで問題なのは、残業命令書で指示した時間分しか残業として認めないという点です。仕事をしている社員は怒って当然です。指示されている作業が、日々予定通りの時間で終わるとは限りません。

会社がこういった運用を見直さないのであれば、上司も居残って実際に確認しながら残業指示を出すべきです。あるいは、残業命令書の時間で部下を退社させる必要があります。翌日に「なぜ作業を終えずに帰ったのか」と上司は部下を叱ってはいけません。労働（残業）として認めていないのですから。

労働基準監督署の調査で質問される可能性

「業務終了時刻と退社時刻に乖離がありますね」と労働基準監督署の調査で聞かれることがあります。筆者は、立ち会いで何度も経験しています。

筆者の知る限り、ＩＴ系の大企業では、1分単位で残業時間を勤怠シートに入力できます。未払い残業問題で労働基準監督署の調査をきっかけに運用を変えた大企業も多いです。

サービス残業対策として、乖離がある場合（例えば30分以上）は、その時間に何をしていたのかの理由を入力させて管理している会社が多いです。本来は、大幅な乖離が出る前に、業務終了後はただちに退社するのがベストです。

労働基準監督署の調査で乖離時間について「仕事をしていない時間」だと言い訳する会社もあります。普段から乖離時間の理由を管理していなければ、過去のことなので現実的に立証するのは不可能です。「未払い残業代を支払うように」との是正勧告につながっていきます。

相談者は、仕事をしているのでサービス残業をさせられていることになります。乖離時間が未払い残業代です。この会社の運用ならば、会社は社員を残業命令書の時間で帰宅させなければなりません。

相談者は、人事部門に問い合わせてください。上司も残業命令書が絶対なのだと、単純に勘違いしているだけかもしれません。労務関連のことをよく分かっていない管理職もいるからです。

ココ大事　未払い残業は法律違反

第3章

休憩や有給休暇に関するトラブル

休憩や、有給休暇の取得は労働基準法で従業員に保護された権利です。残念ながらＩＴ企業は休憩や休暇の取得に関して優等生とは言えません。

従業員の権利よりも、仕事が優先だとするブラックな会社や上司も存在します。間違いだと気づかずに、慣習的に従業員の権利を侵害しているのかもしれません。

労働基準法34条で、労働時間が6時間を超える場合は少なくとも45分、8時間を超える場合は少なくとも60分の休憩時間を労働時間中に与えなければならないと定めています。これらの休憩時間は従業員に自由に利用させなければなりません。自由な時間ではなく、仕事をさせている場合は労働時間に該当します。

有給休暇については労働基準法第39条に「使用者は、有給休暇を労働者の請求する時季に与えなければならない」とあります。有給休暇を取得する権利は、法律で守られているのです。有給休暇をとった当日は、労働を免除された日になります。

有給休暇中に少しの時間でも仕事をさせた場合は、労働を免除したことにはなりません。出勤日になります。

休憩や有給休暇に関するよくあるトラブルの相談を取り上げました。次の5つになります。

- 昼休みに自分以外は誰も電話を取らない職場に腹が立つ
- 定時終了後の15分休憩に働いても残業手当が発生しないのは賃金の未払いでは？
- 上司の独断で有給休暇の取得を1カ月間も禁止できる？
- システム本番稼働1カ月前で休めない、余る有給休暇を買い取ってもらえないのか
- うつ病による長期休職中に有給休暇を取って生活費に充てたい

12 昼休みに自分以外は誰も電話を取らない職場に腹が立つ

相談

うちの職場は昼休みでも電話が鳴ります。しかし自分以外の人は誰も電話を取りません。席にいても知らんぷり。部門長が注意しても、「電話を取るのは若手の役目だ」と先輩社員は言います。若手は自分しかいません。とても腹が立つこの職場は問題にならないのでしょうか。

回答 昼休みは、自動応答の電話にするのがベストです。例えば「昼からの営業は午後1時からです」といったアナウンス対応です。皆が電話を気にすることなく休憩できます。残念ながら相談者の職場は、そのような環境ではありません。以下、電話応答が必要な職場として話を進めます。

就業時間中にもかかわらず、電話を取らない社員が確かにいます。ましてや昼休みとなれば、全く電話を取らないでしょう。職場に若手の社員がいると、上司や先輩はなおさら電話を取らないかもしれません。昼休みに電話を取る義務はありませんが、顧客からの電話を放っておくのはよくありません。

昼休みでも部員全員が電話を取る雰囲気の職場なら、相談者のような損得の感情は生まれないでしょう。相談のケースはそうでない雰囲気の職場で起こるトラブルです。昼休みに限らず、日ごろから電話に出る社員は決まっている一方、何回鳴っても知らないふりをして電話に出ない社員がいる状況です。

昼休みの電話は管理職に取らせる

若手だから、あるいは女性だからといった理由で昼休みに電話を取る義務はありません。もしそんな職場だとしたら、管理職の問題です。

昼休みは休憩時間であり、労働時間ではありません。このような不満でトラブルになった職場には、管理職自身が電話を取るよう筆者はアドバイスしています。管理職には法令上の休憩が適用されないので、労働時間の問題は発生しないからです。管理職であれば裁量で休憩を調整すればいいのです。

そもそも管理職が電話を取る職場では、周りの社員も自然に電話に出るようになり、相談者の職場のようなトラブルはまず起きないでしょう。

逆に昼休みに「電話に出ろ！」と怒鳴る上司のパワハラ相談も過去に数例ありました。昼休みは休憩時間ですが、電話に出ろと言う上司の態度の下では、休憩時間どころではなく労働時間となります。

中小企業で昼休みに電話当番制を敷いて運用している場合があります。当番の社員は休憩時間でも電話が鳴ったときは出るものです。これも労働時間になります。こうした時間のことを「手待ち時間」と呼びます。何かあったら対応するという時間です。完全に自由な休憩とは言えず、拘束時間となるので労働時間として扱われるのです。

電話が多いようであれば、昼休みの休憩時間そのものを交代制にすることをお勧めします。そのほうが、社員も納得するでしょう。

昼休みは何をしてもいいわけではない

就業時間内で一番長い休憩帯が昼休みです。休憩は、社員が自由に過ごせる時間で60分の会社が多いと思います。

昼休みは食事以外にも資格取得の勉強や昼寝、音楽、ゲームなど趣味に興じることもできます。ただし、何をしてもいいわけではありません。例えば、音楽を聴くなどで音を出して他の社員に迷惑をかけるのはNGです。

休憩時間でも一定程度の制約を受けることを社員も理解しておかなければなりません。勤務時刻に戻れないような外出や他の社員の迷惑になるような行為、社内の風紀を乱すような行為はNGです。自宅で過ごしているわけではないので当然です。

ココ大事

昼休みは休憩時間であり、命令するなら労働時間となる

13 定時終了後の15分休憩に働いても残業手当が発生しないのは賃金の未払いでは？

相談

うちの会社は昼休みが45分しかないのに、定時終了後になぜか15分の休憩があります。残業前の中途半端な時間なので、結局いつも仕事をしています。積み上げるとそれなりの残業代になると思うのですが、支払われていません。未払い賃金にならないのでしょうか。とても損をした気分になり、現場無視の時間配分に憤っています。

回答

法令では、1日8時間を超えて労働する場合、すなわち残業があるときは60分の休憩が必要だと定めています。具体的には、労働時間が6時間を超えて8時間以内の場合は少なくとも45分、8時間を超える場合は少なくとも60分の休憩時間を労働時間中に与えなければならないと労働基準法で決まっています。

昼休みが45分という相談者の会社は、足りない時間を補うために定時終了後に15分の休憩時間を設けているのでしょう。

ただしこの中途半端な時間配分が、相談者からすると損をしている、未払い賃金だと感じるわけです。はじめから昼休みが60分なら、15分の小休憩は必要ありません。

一方で、休憩は社員一斉に与えて自由に利用させる必要がありますが、それ以外の決まりはありません。休憩を分割しても、一度にまとめて与えてもいいことになります。通常は、昼休み45分と小休憩15分の運用か、昼休み60分の運用が多いでしょう。45分の休憩をさらに分けることも可能ですが、分割すると昼食のための昼休みが短くなるので現実的ではありません。

ちなみに運輸関係・金融・接客業など特定の業種では、休憩時間を一斉に取らない運用が可能です。特定の業種以外で昼休みを交代で取る場合は、労使協定が必要となります。

小休憩の15分は未払い賃金の可能性大

では、小休憩の15分は未払い賃金になるのでしょうか。結論を言うと、可能性は大です。繰り返しになりますが、昼休みが45分の会社は労働が8時間を超える残業開始前に、足りない15分の小休憩が必要となります。

ここが問題なのです。相談者のように仕事をしている社員が現実的に多いのではないでしょうか。会議や打ち合わせなどが入れられていれば論外で、法令違反となります。残業後に予定がある社員は、小休憩を取らずに仕事をしていると思います。

小休憩の時間帯は消灯する、あるいはチャイムや音楽を鳴らす、部門長などが休憩に入る旨を伝える、といった対応が必要です。休憩させる管理や運用になっていない会社は、現実的に仕事をしている社員が多くなり、「15分」を未払い賃金だと訴えるのも無理はありません。労働基準監督署の調査でも、チェックされることが多い項目です。

昼休みが45分の会社に勤務している場合、相談者のように損をしていると考える社員が多いはずです。会社側も、未払い賃金だと指摘されるのは嫌でしょう。小休憩の管理を徹底して負担が増えるのは本末転倒です。

筆者は「昼休み60分」をお勧めしています。

ココ大事

小休憩時間はサービス残業になりがち

14 上司の独断で有給休暇の取得を1カ月間も禁止できる？

相談

独裁者のようなプロジェクトマネジャー（課長）の下で5人のメンバーが働いています。「理不尽大王」と陰で名付けています。反論すると声高に叱られるからです。先日、大王がある特定の時期を挙げ「1カ月間、有給休暇の申請は時季変更権にて禁止する」と発言しました。システム移行で忙しくなるので、誰かに有給休暇を認めると不公平になるからとのことです。ちょうど家庭行事で有給休暇を取るつもりだったので困っています。あらかじめ有給休暇の取得を1カ月間も禁止することができるのでしょうか。

回答

どこの会社にも、部下に有給休暇を与えてやっている、認めてやっているという感覚のマネジャーやリーダーが実在するので困ります。部下（社員）の有給休暇は上司のものだとでも考えているのでしょうか。この理不尽大王の発言は違法な指示であり、いただけません。

マネジャーは、有給休暇の取得を禁止するといった命令口調ではなく、協力を求めるような表現にとどめるべきでした。もし仮に協力要請だったとしても、部下から有給休暇の申請があれば認めなければならないことを理解しておく必要があります。

「時季変更権」を自由に使える権利だと思い込んでいる「勘違い管理職」は他の企業にもいます。以前「会社側（管理職）には時季変更権があるので、部下からの有給休暇申請をいつでも断れる」と発言をしたプロジェクトリーダーに会いました。会社の管理職研修で教わったということでしたが、勘違いして自分の都合に寄せて理解したのでしょう。これも問題発言です。

有給休暇を取得する権利は法律で守られている

労働基準法第39条に、「使用者は、有給休暇を労働者の請求する時季に与えなければならない」とあります。有給休暇を取得する権利は、法律で守られているのです。現場では上司がパワー（権限）を持っているので、間違っていることでも押し切られてしまいます。相談者が言うようなプロジェクトマネジャーの下にいるチームメンバーは不幸です。

とはいえ、理不尽なプロジェクトマネジャーが何を言っても、法律には勝てません。パワーハラスメント（パワハラ）行為でもあり、その事実が明るみに出れば責任をとらされることになります。

相談者は、自分が休みたいときに有給休暇を申請して取得できます。ただし、会社で定められている取得ルールは守る必要があります。ルールは就業規則が定める有給休暇の条文に記載されているはずです。

例えば、1日の有給休暇は前日までに申し出る、あるいは3日以上の有給休暇は2週間以上前までに申し出る、などのルールです。

「時季変更権」は簡単に使えない

理不尽なプロジェクトマネジャーが言う、「時季変更権」とはどんなものでしょうか。上述の労働基準法第39条には、「請求された時季に有給休暇を与えることが事業の正常な運営を妨げる場合においては、他の時季にこれを与えることができる」という時季変更権が定められています。

この時季変更権は簡単には使えません。理不尽大王のような上司は時季変更権を乱発するからです。部下の権利が脅かされることになります。

時季変更権を行使できるのは「事業の正常な運営を妨げる場合」に限ります。変更権なので、有給休暇の申請に「拒否する」「断る」「禁止する」といった表現は使えません。理不尽大王はすでに法律違反の発言をしています。

取得する日を変更してもらうことは可能ですが、とても高いハードルがあります。システム開発の現場で行使するには、一定の事情が必要です。ずいぶん前から特定する日の仕事を命じていたのに、有給休暇を申請してきた場合です。例えば顧客との会議があり重要なポジションでの出席が決まっている、顧客先への出張予定がある、プログラミング演習の教育受講がある、システムの本番稼働日の立ち合いがある、など特別な業務対応日に設定されているなどです。

また、すでにプロジェクトメンバーの何人かが休暇予定であり、これ以上誰かが休むと顧客対応できないときがあります。誰かが休むと顧客対応できないといっても、その代替手段がないという事情が必要です。

仮に誰か1人でも休むと業務上困る場合を想定しましょう。まずは、その上位組織長となる事業部長や部門長が、ほかに手段がないのか、代替要員がいないのかを考慮する必要があります。別のグループや他部門の要員をアサインしなさいということになります。課長や係長クラスの小グループで困るといった程度では、時季変更権は使えないと考えてください。

相談のケースでは、このプロジェクトマネジャーの下に5人のメンバーがおり、「誰かに有給休暇を認めると不公平になるので」という根拠を持ち出しています。顧客対応できないということではなさそうです。

相談者はこの件を会社の人事部に伝えてはいかがでしょうか。このプロジェクトマネジャーの発言は否定され、指導の対象になるはずです。

そうならないなら、相談者の勤務先はブラック企業だということです。

労働基準監督署に相談もできます。外せない用事で休みたい日があれば、堂々と有給休暇を申請してください。

ココ大事

有給休暇の取得は禁止できない

15 システム本番稼働1カ月前で休めない、余る有給休暇を買い取ってもらえないのか

相談

ＩＴ企業のエンジニアです。来月４月にシステムの本番稼働を控えています。当社では、毎年４月１日に新たな有給休暇が付与されます。そのときに、余った有給休暇のうち３日分が時効で消滅してしまいます。忙しい時期だと重々承知していますが、消滅するのはもったいないです。有給休暇を申請したところ、上司から「休暇が取れる状況じゃないよ、プロジェクトのことも考えてくれ」と言われました。取れないのなら、せめて休暇を買い取ってもらえないでしょうか。

回答

有給休暇を消化するという意識が、世の中に浸透してきたと思います。筆者がＩＴ企業に勤めていたころは、有給休暇の消滅まで意識している同僚は少なかった記憶があります。筆者も同僚たちも、毎年有給休暇を余らせていました。

時代は変わりました。企業に対して有給休暇の取得を促進するよう、国はアピールしています。

新たな有給休暇が付与される時期は4月や10月が多いうえ、期末は何かと忙しくなります。エンジニアの人たちへは、有給休暇を残しておこうと思わず、プロジェクト進捗に余裕がある時期に、早い段階で取得しておくことをお勧めします。

原則、有給休暇は買い取れない

会社が有給休暇を買い取ることは原則禁止されています。買い取りを認めると、有給休暇を取得する権利を阻害することになりかねません。取得予定の有給休暇を買い取るから、休暇は認めなくていいとする会社が現れないようにするためです。

買い取ってもらえるのなら有給休暇を使わずにためておこうという従業員も出てくるでしょう。これも、有給休暇取得推進の妨げになりかねません。

国は有給休暇の取得促進に力を入れています。企業に有給休暇を取得しやすい労働環境を整備するように通知しています。

原則禁止ということで、例外はあります。2つのケースがあり、1つは退職時の未消化分の有給休暇買い取りです。

退職時、事情によっては有給休暇を買い取る会社があります。例えば、会社が退職までの間に仕事の引き継ぎを望む場合です。退職まで有給休暇で休む従業員がいたとして、会社が「有給休暇を買い取るので引き継ぎのため出勤してくれないか」といった形で相談することになります。

買い取り可能というだけのことで、会社に買い取る義務はありませんので、誤解しないようにしてください。

有給休暇の消滅時効は2年

買い取りのもう1つのケースは、時効で消える有給休暇を買い取ることです。

まず、有給休暇の付与とはどういうものか説明します。会社は、正社員やパートタイム労働者といった身分に関係なく、従業員に有給休暇を与えなければなりません（労働基準法第39条）。

有給休暇の付与は、所定労働日数の80％以上勤務していることが条件です。対象期間に欠勤が20％を超えていた場合は、付与されません。所定労働日数が少ないパートタイム労働者については、その日数に応じて比例付与されます。

初回は、入社して6カ月後に10日与えられます。以降は1年ごとに増えて最大20日まで付与されます。入社して6年半で20日となります。

新卒採用を含め4月に入社する従業員が多いです。4月を起点とすると、初回が10月

1日に付与となる会社が多くなります。

ただ、これは、法令上の話です。大手ＩＴ企業では6カ月を待たずして、4月に最大の20日を付与している会社もあります。

与えられた有給休暇は2年で時効消滅します。現実的には、買い取りの社内制度をオープンにして用意している企業はまれではないでしょうか。少なくとも筆者と付き合いのある企業にはありません。

相談者はシステム稼働本番前で忙しいとのこと。稼働前後でシステムトラブルが発生する可能性もあります。「休んでほしくない」と上司が言う気持ちは理解できます。

消滅する有給休暇の買い取りについては、会社に制度がなければあきらめるしかなさそうです。半日休暇や時間単位での有給休暇も含めて取得できないかを、上司と話し合ってください。

次年度からは、早めに休暇を消化できるように計画的に取得してください。

ココ大事

原則、有給休暇の買い取りは禁止されている

16 うつ病による長期休職中に有給休暇を取って生活費に充てたい

相談

うつ病で休職しています。休職中は給与がないので、残っている有給休暇を取得し生活費に充てようと思いました。ところが、上司に有給休暇の申請をしたところ、休職中の取得はできないと回答がありました。有給休暇は自由に使えないのでしょうか。

回答

結論から述べると、上司が正しいです。会社の判断を上司が伝えたのかもしれません。法的な判断に基づいての回答かどうかは不明ですが、休職中の有給休暇は取得できません。

有給休暇は労働する義務がある日に取得できます。休日（日曜日や祝日）には取得できません。勤務日が平日の会社では、月曜日から金曜日までが取得対象の日になるわけです。

時々「給与を増やしたいので休日に有給休暇を取得できますか？」という質問を受けることがあります。有給休暇が余っている社員は、休日に有給休暇を取得して手取り額を増やしたいと思いつくのかもしれません。残念ながら無理ですと回答します。

休職に入る前に有給休暇を取るべきだった

風邪やけがなど病気で会社を休むときに有給休暇を取ります。誰もが経験しているでしょう。数日の休みではなく、うつ病などで治療が長期になる場合には、会社に診断書を提出して休職制度を利用する場合があります。休職制度のない会社もありますので確認が必要です。

休職中は労働が免除され、休日と同様となります。労働日ではありません。よって、休職中の社員が有給休暇を申請しても認められないことになります。

相談者のケースでは、有給休暇を消化してから休職に入ればよかったのです。会社や上司は相談者に、残っている有給休暇の消化についてアドバイスすればよかったのかもしれません。

ほかにも産前産後の期間に有給休暇が取得できるかと質問されることがあります。産前産後の期間とは、産前6週間と産後8週間を指します。産前と産後で考え方が異なります。

産前については本人の希望があれば労働することが可能です。よって労働日に該当しますので有給休暇が取得できます。しかし、産後は本人の意思に関係なく労働そのものが禁止されています。つまり有給休暇の取得は不可ということになります。

労災で療養中、このときの有給休暇の取得は

けがや病気にはプライベートのもの（私傷病）と業務上のものがあります。業務上のものは労災扱いになります。通勤途中のけがも労災扱いになります。

労災で休んでいる間は、国から休業補償給付が支給されます。ただし、満額ではなく給与の80％程度になります。直近3カ月分の給与を、その暦日数で割った日額で計算します。有給休暇なら当然100％の給与支給となります。どちらを選択するかは本人が決めればいいのです。有給休暇が余っているから消化する、もしくは残しておきたいので使わないなどの選択ができます。逆に会社は、有給休暇から消化しなさいと強制することはできません。

有給休暇はいつでも取得できると思われていますが、条件によって取得できない期間もあります。このことをぜひ知っておいてください。人事スタッフは社員からの相談にいつでも適切なアドバイスができるようにしておきましょう。

ココ大事

労働を免除された休職中に有給休暇は取れない

第4章

テレワークやフレックスタイム制など勤務制度に関するトラブル

コロナ禍で、テレワーク制度を導入する会社が増えました。特にパソコンさえあればどこでも作業できるエンジニアの多い、ＩＴ企業ではテレワーク率が高いです。

大手ＩＴ企業の多くはテレワークが主流となりました。出社する従業員が減ったことで、多くのオフィスはフリーアドレスになり縮小しています。簡単には、元の出社前提の勤務形態には戻れません。

コロナ禍以前から月に数日程度のテレワークを多くの大手ＩＴ企業は認めていました。その運用は有給休暇の申請と同じです。有給休暇申請との違いは、許可制なので上司による却下があり得るところです。

ほかにも勤務制度には、以前からのフレックスタイム制や裁量労働制があります。これらは出社退社を従業員の裁量にゆだねる制度ですが、会社の都合のいい運用を指示されることがありトラブルになるケースも起こっています。

テレワーク、フレックスタイム制などでよくあるトラブルの相談を取り上げました。次の５つになります。

・さぼりがばれて厳しく管理されているが、毎日テレワーク勤務に戻したい
・ホテルも予約しているのに旅行先でのテレワーク申請を却下されてしまった

- 「フレックスタイム制」なのに会社都合で働かされるのはおかしい
- 裁量労働制なのに「もっと早く来い！」と叱責され納得できない
- 健康促進で自転車通勤を始めたが、交通費の不正受給になる可能性がある？

17 さぼりがばれて厳しく管理されているが、毎日テレワーク勤務に戻したい

相談

28歳のSEです。3週間前までは、出社の必要がなければ、毎日テレワークしていました。今は週2日までテレワークで、それ以外は出社勤務と言われています。就業中のプライベートの外出がばれたからです。上司が私に電話した際、店内の音楽が背景で聞こえて「おかしい」と思ったようです。過去の操作ログもチェックされたようです。テレワーク当日は上司から電話が数回あり、さぼっていないかの確認と、作業遅延に関する愚痴と叱責が長々と続きます。監視されているようでつらいのですが、毎日テレワークに戻せないでしょうか。

回答

「外出がばれた」「うっかりしていた」とのこと、言い方はきつくなりますがさぼりの常習犯ですね。上司からの電話に応答したことを後悔しているようであり、反省の色が見えません。日常的にさぼっていたのでしょうか。電話を取ったときに外出していたのが偶然だったとしても、信頼回復には時間が必要です。信頼を回復することで、元のように毎日のテレワークを許可してもらえるでしょう。

テレワーク環境でもさぼると分かる

就業時間中でも気分転換を目的とした適度な息抜きは必要です。昼休みを除いて、1日8時間の所定労働時間だとします。8時間集中して仕事が継続できる人はまれだと思います。コーヒーブレイク中におやつを食べたり、雑談で気分を変えたりすることは、誰もがしているでしょう。職場では周りの目があるので、一定の節度は保たれています。

周りの目がない自宅でのテレワークでは、度を超してさぼりすぎる社員がいるようです。ＩＴ企業に勤める筆者の知人（事業部長や部長）に聞いてみました。

さぼっていると断定できる、あるいは疑いのある社員はいるとのこと。相談のケースのようにプライベートな外出、昼寝や入浴などをしているのではと思うそうです。

セキュリティー面や急な出社要請に対応するために、テレワークは原則自宅やサテライトオフィスと指定している会社が多いです。ルールを無視して恋人宅や旅行先でテレワークをしていた強者もいて、当然叱られたそうです。きっちり仕事をしていたのか怪しいところです。

テレワークに限りませんが、筆者の顧客でさぼっていると確信された社員の事例を紹介します。GPS（全地球測位システム）機能を搭載した社有車の位置情報から分かりました。以前から行動が怪しいとされていた社員です。そこで、社有車を利用するときに対象社員の位置情報を確認するようになりました。結果、さぼっていることが明白になったのです。

スマートフォンアプリで出退勤管理をしている別の会社でも、その位置情報からさぼっていたことが分かったことがあります。

相談者は自制心が足りていませんでした。以前から上司は、相談者がさぼっているのではないかと疑っていたのでしょう。プライベートの外出と知って、さぼり社員だと確信したはずです。

もし、毎日の出社を命じられたとしても、文句を言えないところです。さぼり癖のある人や1人で仕事をこなせる能力が足りない人は、テレワークに向いていません。

多くのＩＴ企業のパソコンには作業効率化や監視目的のソフトがインストールされています。メンバーの在席・離席状況を把握でき、アプリ（例、PowerPoint や Excel）ごとの作業時間まで分かるとのことです。

ＩＴ企業に限りませんが、社内システムの多くは、会社のサーバーと通信した状態でなければアクセスできません。サーバーへの接続がない場合は、利用していないことになります。通信状態であったとしても、キーボードやマウスを全く使っておらず、入力のない長い空白時間が頻繁にあるとおかしいです。

提案書作成や設計、プログラミングを生業《なりわい》とするＩＴエンジニアがパソコンを使っていないとしたら、さぼっているのではと疑われるわけです。

上司にとっても、忙しい中で部下の作業データを逐一チェックして管理するのは面倒です。普段は確認していないと知人たちは言います。その一方で、行動が怪しい対象者がいるときは、確認することもあるようです。

電話でストレス、ハラスメントになる可能性も

このケースは、相談者に原因があります。さぼっていたことは大いに反省してください。ただ、相談者は、上司からの監視と叱責の電話が原因で、精神的に不安定になる可能性があります。部下を長時間にわたって叱ることはよくありません。過度な叱責が続くと、職場のハラスメントによる労災だとされる可能性があります。

上司にしても、部下（相談者）の管理は煩わしいはずです。上司と相談者、共にストレ

スになっている状況だといえます。

さぼり癖のある社員の管理は、出社させることが一番の良薬です。今は週2日のテレワークを許容しているとのこと。お互いのために、当面はオール出社にしてもらってはいかがでしょうか。

相談者には、上司の信頼を取り戻すまで自ら出社することをお勧めします。

ココ大事

度をこしたさぼりは叱られて当然

18 ホテルも予約しているのに旅行先でのテレワーク申請を却下されてしまった

相談

SEです。会社ではテレワークを申請する仕組みになっています。コロナ禍により、テレワーク申請が却下されることはほぼありません。そんな状況が続いていたので、自宅以外でも大丈夫だろうと思い、旅行先でのテレワークを計画し、ホテルも予約しました。いつものように申請したところ、顧客先での作業があるからと却下されました。旅行先だとは伝えていませんでしたが、テレワークができない時期は知らせておいてほしかったです。

回答　先日、人事システムの開発やサポートに従事するＳＥ向けに、人事業務の実務研修を行いました。大手ＩＴ企業での実施でしたが、テレワーク率の高さに驚きました。

出社が必要な社員、顧客先へ常駐している社員も当然います。それでもテレワーク率は7割超ということでした。制度があるか否かの企業の割合ではなく、社員のテレワーク率なのです。

ＩＴ企業は進んでいます。こうした企業に勤務する社員が「毎日テレワークしているので場所なんて関係ない、旅行先でもいいのでは」と考えるのもうなずけます。

まずは会社のルール確認を

リゾートホテルや旅館などでテレワーク（ワーケーション）といったニュース記事を見

かけますが、筆者の顧客で、旅行先など遠地での勤務を認めている企業は、まだありません。急な出社要請に対応できる圏内にいてほしいということです。仕事なので、会社とすれば往復中の事故やケガなどのリスクも考慮します。

筆者は仕事柄、顧客のテレワーク勤務規程に多く目を通しています。勤務場所は通常「自宅」と書かれています。ほかには「通勤可能な実家を可とする」「特別な理由により会社の許可を得た場合は、他の勤務場所でも認めることがある」といった追記をしている会社もあります。リゾート地や旅行先を可とするという具体的な表現を含んでいる規程は、筆者の顧客にはありません。

開発スケジュール上、平常時におけるＳＥやプログラマーは、旅先でのテレワークも可能だと思いますが、相談者は旅行先でのテレワークが認められているのかを確認してください。

旅行の話は伝えていないとのこと。相談者自身がまずいと思っている、あるいは会社で認められていないからではないでしょうか。

開発スケジュールによって上司の判断は変わる

コロナ禍を経験して、テレワーク中心に業務をこなすＩＴ企業は増えました。相談者の会社と同じように、今は上司承認も形式だけのものかもしれません。

いろいろなＩＴ企業やコンサルティング会社がありますが、社員全員がテレワークできるとは限りません。顧客先での常駐作業が受注条件となっているプロジェクトでは、中心となるメンバーのテレワークは無理です。

顧客先での運用テストや本番移行、本番稼働の時期は何が起こるか分かりません。必ず何かしらのシステム不具合が起こると考えたほうが自然でしょう。こういった事情があるタイミングでは却下されることもあるでしょう。

一方、開発スケジュール上で何も問題はないのに、単純に部下がテレワークすることを嫌がる上司もいるようです。制度として認めているのですから、この態度はいただけません。

相談者のケースは、開発スケジュール上の判断による却下のようです。会社が旅行先でのテレワークを認めているのであれば平常時に予約しましょう。認められていないのに、内緒で旅行を兼ねたテレワークをするのは落ち着かないのではないでしょうか。有給休暇を取って、完全に休みの日に旅行するほうが楽しいと思います。

ココ大事

許可制なので却下されても仕方なし

19 「フレックスタイム制」なのに会社都合で働かされるのはおかしい

相談

プロジェクト会議をリモート運用で開催しています。以前は、リーダーを含めて数人が顧客先に訪問していました。今はリモート会議なので私も参加しています。海外との会議は、時差の関係で夜になることがあります。当然のように「明日はフレックスで遅く来るように」と言われます。会社都合のフレックスタイム制度になっていておかしいです。

回答

海外との会議があるとのこと、大規模プロジェクトに参加されているのだと思います。システムを海外の工場や拠点に展開していた顧客の話を聞いたことがあります。時差の関係で、日本と現地とのリモート会議の時間帯に苦慮するようです。

相談に回答します。結論から言うと、会社（上司）が間違っています。フレックスタイム制度は、出社や退社のタイミングを社員にゆだねる制度です。会社側が指定し、都合よく勤務させる制度ではありません。これでは単なる会社都合のシフト勤務です。

フレックスタイム制度とシフト勤務の違い

フレックスタイム制度はコアタイムとフレキシブルタイムで運用します。コアタイムが在席しなければならない時間帯である一方、フレキシブルタイムは出社と退社を自由にできる時間帯です。出社と退社が自由になるので、社員は自分の時間マネジメントが必要になります。月の所定労働時間に不足しないようにしなければなりません。

コアタイムが、必然的に社員がそろって仕事をしている時間帯です。会社はこのコアタイムに休憩時間帯を設定します。例えば、11～15時はコアタイム、12～13時は昼休憩といった運用です。こうすることで社員が一斉に休憩時間を取ることになります。労働基準法では、1日の労働時間が6時間超の場合は45分、8時間超の場合は60分の休憩時間が必要になっています。昼休みは60分で運用しないと15分の休憩管理が面倒です。出社時刻が違うので、15分の休憩が社員ごとに異なるからです。

一方、会社指示で勤務時間帯が月ごとに変わる運用があります。いわゆるシフト勤務で、例えば、翌月のシフト勤務スケジュールを社員ごとに周知している会社がこれに当たります。社員は自分の勤務スケジュールに従って働くことになります。

相談のケースでは、「明日は遅く（何時に）出社して」と上司が命令しています。フレッ

フレックスタイム制での、フレキシブルタイムとコアタイムの関係

11:00から15:00がコアタイムの場合

出所：筆者

クスタイム制度ではなく、会社指示のシフト勤務の状態です。上司の立場にある方は、夜に会議があるので、健康面の配慮から出社時間をずらしてほしいという姿勢で社員に接してください。社員も協力姿勢が必要です。

一度はすたれたフレックスタイム制度が復活

１９９０年代にフレックスタイム制度が流行し、１９９８年にピークを迎えました。ＩＴ業界でも導入する会社が多数ありました。その後、廃止する企業が増えていったのです。

筆者が勤めていたＩＴ企業も同様でした。いろいろな問題が起こったからです。朝の在席率が悪くなり顧客からクレームが来た、全員がそろう時間帯（コアタイム）が限られて会議が思うようにできない、顧客やトラブルへの対応に支障が出てきた、多くのメンバー

が関わるＩＴプロジェクトでの進捗管理がしづらい、人員調整の効率が悪いなどです。

ですが、最近の「働き方改革」で、再びフレックスタイム制度を導入する会社が増えてきました。筆者の顧客でも数社あります。昔に比べると、プロジェクトメンバーの出社や退社の予定時刻、進捗管理の情報共有などが容易にできるＩＴ環境が整ってきたからです。ビジネスチャットや携帯電話で緊急時の出社要請ができますし、他の社員や顧客に迷惑がかからないように運用することも可能です。

相談者は、フレックスタイム制度で出退勤は自由です。乱暴な言い方をすると、上司の命令に従う必要はありません。しかし、相談者もプロジェクトメンバーの一員ですので、上司や他のメンバーの迷惑にならないように配慮してください。夜の会議がある当日やその翌日は、ご自身の体に負担がかからないように同制度を活用してください。

ココ大事

フレキシブルタイムの間の出退勤は自由

20 裁量労働制なのに「もっと早く来い！」と叱責され納得できない

相談

ＩＴ企業でＳＥをしています。当社ではＳＥが裁量労働制、プログラマーと一般事務職がフレックスタイム制です。ところが先日、「もっと早く来い！」と上司から叱責されました。理由はコアタイムに間に合わなかったからとのこと。裁量労働制ですからコアタイムは関係ないと思います。制度に反する上司の態度に納得できません。

回答

これは、上司の方が明らかに間違っています。裁量労働制とフレックスタイム制を混同しているようです。もし裁量労働制とフレックスタイム制の違いを承知のうえで「もっと早く来い！」と命令しているなら、コンプライアンス上大きな問題です。上司は出社協力を求める言い方に改める必要があります。

裁量労働制に遅刻や早退はなく、上司は命令できない

そもそも裁量労働制の社員には、遅刻や早退がありません。極端な話、１時間だけ勤

務して帰ってもいいのです。

裁量労働制に遅刻や早退という概念はなく、給与の減額もできません。短時間の勤務で帰ってもOKなのは、裁量労働制が「みなし労働」だからです。つまり、労使協定でみなし労働時間（例、1日8時間労働とみなす）を定めて運用する場合です。仮に8時間のみなし労働なら、1時間の勤務でも8時間働いたことになります。

これに対してフレックスタイム制では、コアタイム（拘束の勤務時間帯）に間に合わず出社した、もしくは退社した場合は遅刻・早退扱いにできます。

フレックスタイム制はみなし労働ではありません。相談のケースでは、上司がこのあたりを混同し「もっと早く来い！」と指導しているのかもしれません。

裁量労働では上司が「命令」できない点にも注意が必要です。例えば、上司が裁量労働者に対して「明日は朝10時から会議だ」「コアタイムにいなかったら遅刻扱いだ」といった言い方をするとトラブルになります。

こうした言い方をする上司は、コンプライアンス違反になりかねません。社内でこうした言い方が通用しても、世間ではパワハラとみなされ通用しません。午前10時から会議を行いたいなら、協力を求める言い方に変えるべきです。

現に、人間関係が良好な上司の下では、こうしたトラブルにならないはずです。裁量労働者にコアタイムの設定はできません。相談者のようなトラブルが多い、もしくは出社を強制している会社は、形だけの裁量労働制をやめるべきです。

みなし労働時間と裁量労働手当

みなし労働時間を1日9時間とした場合は、1時間×出勤日数分を裁量労働手当として支払わなければなりません。1日8時間を超えた分について残業代、つまり裁量労働手当を支給する義務があるからです。この場合、普段から残業が全くない社員は得することになります。

先にも触れましたが、裁量労働制を導入するには、労使協定で1日のみなし労働時間を定めなければなりません。例えば、毎日2時間ほど残業するＳＥばかりなのに「8時間みなし労働」とするのは社員にとって酷です。逆に6時間しか働かない日ばかりでも8時間働いたことになりますが、現実にそんな甘い会社はないでしょう。会社は現実的かつ適切な時間を設定しなければなりません。

深夜割り増し分と休日出勤については、裁量労働（みなし労働）の対象外です。別途計算して支給しなければなりません。

「裁量労働制なのに裁量なんてない！」という声もよく聞きます。上司からいちいち残業を命令されるなど、裁量労働制の導入そのものが間違っている会社も多く存在します。1日のみなし労働時間も含めて、適切な運用を現場で行っているのか、確認することをお勧めします。

ココ大事 **裁量で働けていないのは、名ばかりの裁量労働者**

21 健康促進で自転車通勤を始めたが、交通費の不正受給になる可能性がある？

相談 現在、通勤定期代を支給されています。暖かくなってきたので、健康促進も兼ねて自転車で通勤したいと思っています。会社で問題になる可能性はあるでしょうか。注意すべきことがあれば教えてください。

回答

会社に許可を取ってから自転車通勤するのがベストです。隠れ自転車通勤だった場合は、発覚すると注意けん責など、人事処分に該当する恐れがあります。

何より困るのは事故です。公共交通機関の利用に比べて、やはりケガが多くなります。自転車での接触事故で裁判になったケースが散見されます。自身が被害者でなく加害者になる場合もあります。歩行者感覚で運転している方をよく見かけますが、自転車は車両だという認識を持ち、歩行者に気を配らなければなりません。

人身事故が起こった場合、その対応に苦慮することになります。加害者になった際は、高額な賠償が発生するケースもあり、仕事にも支障が出ます。よって、通勤手段がない地域を除いて、公共交通機関の利用を推奨している会社が多いのです。

会社は公共交通機関の利用を原則として通勤費（交通費）を支給しています。自転車通勤が発覚すれば、注意だけでなく通勤費の不正受給の問題になることもあります。過去の通勤費を返還させるか否か、返還の場合に満額返還なのか一部返還なのかなど、会社によって対応は異なります。

通勤費を浮かせる目的でなく、単に健康のためなどの理由で悪意がなかったとしても、会社に叱られて嫌な思いをするかもしれません。嫌な思いをしないために、会社に届け出てからにしたほうがいいでしょう。

自転車通勤をする場合に考慮すべきこと

自転車通勤がＯＫの場合に考慮すべきことがあります。それは保険です。通勤の有無にかかわらず、自身のために保険に加入することです。自転車通勤を許可している会社では義務付けている場合もあります。条例で保険加入が義務付けられている都道府県も増えています。会社に言われるからではなく、自身のためにも加入しておくべきです。

通勤には無関係ですが、家族も保険に加入しておくほうが望ましいです。特に子供の場合は行動が読みにくく事故につながる可能性が高くなるように思います。小学生が起こした事故で、高額賠償の支払い命令も出ています。もちろん親の負担になります。

通勤距離があまりにも遠い場合は、電車で通ったほうがよろしいと思います。会社に着いたら疲れてしまい、汗だく、ヘトヘトな状態で仕事どころではないかもしれません。

以上のような点を考慮し、通勤を含めた自転車ライフを楽しんでください。

ココ大事

悪意がなくても不正受給

第5章

人事制度や賃金制度への疑問

人は自分の評価が気になるものです。会社での人事評価は、給与や賞与に直接影響します。ＩＴ企業も同様です。評価が悪ければ課長への昇格は推薦されません。課長に昇格しなければ、給与も上がらないでしょう。業績評価が悪ければ、同僚よりも低い賞与額になります。

昇格や賃金に関する人事制度、人事評価の手法は各社各様です。一般的に大企業では年度ごとに業務上の目標を設定します。年度が終わったタイミングで、どれだけ達成できたのかを振り返って評価します。これらの目標設定や評価は、上司と部下の面接で決まります。賃金制度に関して言えば、社内で推奨する国家資格を連動させている会社があります。国家資格の取得を、手当の支給や昇格の条件に設定している会社もあります。

人事制度や賃金制度に対しては、いろいろな疑問を持って当然です。これらに関して、多くの方が感じるだろう疑問の解消につながる、トラブルの相談を取り上げました。次の5つになります。

・エンジニアの職務の違いは曖昧なのにジョブ型制度を導入する意味が分からない
・ＩＴ企業の部長職に昇格したが名刺の「シニアマネジャー」が気に入らない
・人事評価のフィードバック、マネジャーが本当のことを教えてくれているか疑問

・資格を必要とする昇格制度が不満、仕事の優劣だけで判断してほしい
・マネジャー昇格試験の勉強は労働時間に当たる？

22 エンジニアの職務の違いは曖昧なのに ジョブ型制度を導入する意味が分からない

相談

―ITエンジニアです。当社は、新人事制度として「ジョブ型雇用」を導入する予定です。説明資料にはジョブ型雇用、ジョブ（職務）定義書、職務給といった言葉が並んでいます。その職務の仕事を遂行できない、あるいはジョブそのものがなくなると、クビ（解雇）になるのかと不安です。エンジニアの職務の違いは曖昧で、ジョブ型雇用の意味がよく分かりません。

回答

ジョブ型雇用は、職務に人をひも付けて雇います。雇った後で、適性を考慮しながら職務や職種を考えるものではありません。

キャリア重視の契約社員を雇うケースをイメージすると分かりやすいです。限定した職種や職務内容、求める成果や業績を提示して、給与額を含め合意のうえで雇用契約書を交わします。

一方で、正社員のエンジニアはジョブ型のイメージを持ちづらいかもしれません。入社してから経験に応じて、エンジニアという職種の中で、職務変更があるからです。例えば、設計主体のエンジニア、テクニカルやネットワーク支援のエンジニア、プロジェクトマネジメント職への職務変更です。

相談者への回答ですが、ジョブ型雇用によって職務給制度に変わるのだという理解でいいでしょう。これは人ではなく、職務と給与をひも付ける賃金制度です。年齢や勤続年数といった属人的な給与体系ではありません。年齢や勤続年数に加え、企業への貢献度によるブラックボックス的な加給調整はなくなります。

日本の雇用形態の代表例である年功型賃金からの脱却と捉えられます。このまま高年齢の従業員が増えると、自然に年功型賃金は崩れていくのではないでしょうか。職務給への転換は理にかなっていると思います。

合理的理由がなければ解雇されない

厳密な意味でのジョブ型雇用では、職種や職務は「限定職」になります。企業は、本人の同意なく簡単に職種や職務を変更できません。

一方、ＩＴ企業の就業規則には「異動を命ずることがある」「異動は正当な理由がない限り拒むことができない」「異動には配置転換・職務や職種変更がある」といったことが書かれているのではないでしょうか。つまり、職務は変わり得る想定での「日本版の雇用形態」だということです。

完全なジョブ型雇用なのに、後に社員がその職務に就くことを拒否した、労務の提供をできる能力が一切なかった、あるいは対象の職務がなくなったというようなときは、雇用終了となる可能性はあります。雇い止めのハードルは高いですが、企業にとっては最低でも雇用契約書で明記されていることが必要です。

プロドライバーの職務を例に取ると一目瞭然です。ドライバーとして雇われた職種・職務限定の社員が、運転免許を取り消されて仕事ができなくなったときは、解雇や退職勧奨もあり得ます。プロドライバーや薬剤師、看護師のように職業免許によって職務を限定した採用は、昔からジョブ型雇用だったといえます。

ＩＴエンジニアの場合はどうでしょうか。例えば、ＳＥとして採用されたＡさんがいます。Ａさんは、やがてプロジェクトマネジャーに昇格しました。Ａさんにひも付いていた職務定義書（職務記述書）と職務給は当然、プロジェクトマネジメント用のものが適用されます。職務を定義したアウトプットを職務定義書や職務記述書と表現している企業が多いです。

この職務定義書に見合う職務を遂行できていない、その能力がないとしてＡさんを解雇することはできません。企業は職務変更や配置転換、降格降給も含めて雇用を維持する努力が必要です。この場合、昇格でＡさんの職務を変更した企業にも責任があります。

そもそも日本では、企業に解雇の自由を認めていません。採用の自由はあっても、解雇の自由はないのです。解雇権を濫用《らんよう》できないように法令面から制限されています。労働契約法16条で「解雇は、客観的に合理的な理由を欠き、社会通念上相当であると認められない場合は、その権利を濫用したものとして、無効とする」とあります。いわゆる解雇権濫用法理のことです。

社会的に認められるような合理的理由がない限り、簡単に解雇できません。合理的理由とは、例えばＩＴ業界でいえば「重大な服務規律違反をしたエンジニアを解雇する」「勤務不良が著しいエンジニアを解雇する」「経営不振で、ある職務に関するＩＴサービス事業の売却や撤退を余儀なくされて人員削減（整理解雇）をする」というような場合です。相談者がいうエンジニアの「職務の仕事がなくなる」は、上述の人員削減（整理解雇）レベルで起こる全社的なもので、相談者に向けられる個人的な話ではないと思います。

管理職には職務給制度を適用してきたＩＴ企業

ジョブ型雇用と聞くとカタカナ表現で目新しい感じがしますが、その賃金体系は以前からある職務給制度に該当します。

すでに大手ＩＴ企業では、管理職には職務給や役割給制度を適用しているケースが多いです。どちらも職務や役割の大きさに応じて給与を支給します。そのためには、明確な職務定義が必要であり、賃金制度としては同じです。

筆者が勤めていたＩＴ企業も、管理職に役割給制度を導入していました。後に、管理職級のエンジニア向けに、職務の違いによる専門職制度をつくることになりました。筆者は20年ほど前、制度設計チームにアドバイザーとして参画していたので、よく覚えています。

制度設計では職務定義書と職務給とをひも付けます。専門職制度を適用する管理職級エンジニアを例に取ると、その職務を整理して職務定義書を用意し、果たす役割の大きさや価値に応じて5～7段階程度に分類します。

仮にⅠ～Ⅴまでの5段階とします。給与額をⅠ（45万円）、Ⅱ（48万円）、Ⅲ（51万円）、Ⅳ（54万円）、Ⅴ（57万円）というように設定しておきます。その職務給テーブルに応じて給与が支払われるのです。

最近のジョブ型雇用では、上述の管理職向けと同様に、一般社員にも職務給を適用しようという動きが出てきました。そのために、まずは担当職（現場）のエンジニアの職務を整理しなければいけません。

ジョブ型雇用を宣言する会社には、誰から見ても職務の違いが分かりやすい制度を構築してほしいです。筆者は仕事柄、たくさんの職務定義書を見てきました。ジョブの違いがよく分からない職務定義書が多く、問題があると考えています。

例えば、部長の職務定義書には「事業部の中期計画に従い……」とあり、課長の職務定義書には「部門の中期計画に従い……」といった、一部単語の置き換えだけで中身は同じものが散見されます。それでも管理職の年代になると、相応の給与だと割り切った考え方ができるのでしょう。対象者からのクレームは少ないです。

一方、このようなレベルの職務定義書では、一般職のエンジニアにとっては納得感がありません。相談者が述べているように「エンジニアの職務の違いが曖昧」で「意味が分からない」ものになります。同じＩＴエンジニアで職務の違いが明確になっていないのに、給与額が異なるのはおかしいという不満が爆発してしまいます。

企業には、納得感のあるジョブ型雇用の制度設計をしてもらいたいです。実際の職務内容と給与が明確にひも付くことは、すばらしいと思うからです。

ココ大事　**給与が職務内容に応じた職務給になると考える**

23　ＩＴ企業の部長職に昇格したが名刺の「シニアマネジャー」が気に入らない

相談

部長職に昇格しました。名刺の役職名がプロジェクトマネジャーからシニアマネジャーに変わりました。語尾が同じマネジャーという記載です。昇格して偉くなったのかどうかが分かりづらいので「部長」への変更を希望したところ、それは使えないと会社に言われました。組織表に記載されている役職名を使用するとのこと。顧客や知人と

の名刺交換の際に「シニアマネジャーとは部長のことです」といちいち補足しています。自前で名刺を勝手に作りたいです。

回答

筆者がＩＴ業界の人たちからいただいた名刺は約１０００枚あります。会社を退職して、社会保険労務士として独立後に名刺交換した分です。ＩＴ企業が主催するセミナー、イベントで講演したときや、ＩＴエンジニア向けの研修講師を務めたときなどにいただいた名刺が多いです。

語尾が「マネジャー」や「エキスパート」など、長いカタカナの役職名はたくさんあります。相談者が気にしている職位（地位）の上下関係まで分かるのは、同じ会社の同僚だけではないでしょうか。職位と役職名との位置付けは会社によって異なるからです。

名刺を受け取る側は、そこまで気にして確認しないことがほとんどです。相談者は少し役職名にこだわりすぎではないでしょうか。顔と個人名を覚えてもらうことを優先したほうがよさそうです。役職名はよく変わりますが顔や個人名はほぼ変わらないからです。

ＩＴ企業は地位より役割が分かる名刺が多い

ＩＴ企業に勤める社員の名刺を眺めると、地位よりも役割を重視した役職名になっていると思います。「役割名」と言うほうが妥当かもしれません。単に「部長」や「課長」というより、実際の役割が分かりやすくなります。

筆者の手元の名刺で、マネジャーなど管理職レベルだと思う役職名をざっくりですが確認してみました。マネジャーという単語は「マネージャ」「マネージャー」と会社によって表現が異なります。ここではマネジャーとします。

ゼネラルマネジャー、統括マネジャー、チーフマネジャー、シニアマネジャー、シニアコンサルタント、シニアビジネスコンサルタント、シニアエバンジェリスト、グループマネジャー、シニアプロダクトマネジャー、プロジェクトマネジャー、エリアマネジャー、コンサルティングマネジャー、アソシエイトマネジャー、チーフエンジニア、シニアエンジニア、シニアエキスパート、テクニカルエキスパート、チームリーダーなどがあります。シニアという文字がない、単にマネジャーやエキスパート、エバンジェリスト、コンサルタントだけの場合もあります。

部長や課長、マネジャーと名刺に記載された社員が混在しているＩＴ企業もあります。その違いは社外の筆者には分かりません。

会計シニアコンサルタントや会計コンサルタント、会計ソリューションコンサルタントというように業務名を記載した名刺も多いです。会計シニアコンサルタントが部長級で、会計コンサルタントが課長級の専門職だと推測します。とはいえ、職位と役職名の定義には会社による違いがあり、各社共通ではないためどうしても推測になってしまいます。ほかにも、エグゼクティブ、ディレクター、コーディネーターと付くものなどがありますが割愛します。

相談のケースでいうところの「部長」は、部内の課長（マネジャー）を統括する役割の統括マネジャー、複数いるマネジャーのリーダーという役割のチーフマネジャーやシニアマネジャー、部門というグループを管轄する役割のグループマネジャーが該当するのでしょうか。ゼネラルマネジャーは、複数の部門を管理する統括部長や事業部長、本部長クラスだと思います。

余談ですが筆者は、相手への敬称を会話では「〇〇さん」、メールでは「〇〇様」としています。役職名は入れません。役職名は長く、種類がたくさんあり、覚えられないからです。名称は職務や役割変更でよく変わります。

名刺には役職名のほか部門名が記載されています。例えば、会計システム部なら、その名の通り会計システムをサポートする部門だと分かります。具体的で、社外の人には分かりやすいです。役職名も同じです。所属部門の業務内容とその社員の役割が、名刺を見ればすぐ分かるほうがいいと思います。

会社の記載ルールに従う

名刺は顧客や取引先に渡す目的で作られています。知人や友人に渡すためのものではありません。会社によって組織名称や職位、役職名は違います。ロゴを入れるかどうかも含めて会社が名刺のデザインを決めます。各社の意図があって決めているので、その会社の記載ルールに従うべきです。

通常、組織や役職名は、会社で作成される組織表や体制図と同一のものが使われます。名刺の変更などは、会社の許可を得るべきです。

筆者がＩＴ企業に勤めていたころ、全社的に部長や課長から「マネジャー」という名称に変わりました。名刺も刷新されましたが、筆者は後日、役割が分かる「人事コンサルタント」という名称に変更してもらいました。職位よりも役割が分かるかどうかを重視していたからです。

国家資格などは1つしか名刺に記載できないルールでした。名刺作成ソフトのフォーマットや字数制限の関係だったと思います。筆者の場合は、業務に関係する社会保険労務士のほかに、大手外資系ソフト会社の独ＳＡＰが認定する「ＳＡＰ認定ＨＲコンサルタント(当時の呼称)」も追記してもらえました。20年ほど前のことなので、単純に緩い記載ルールだったのかもしれません。

ビジネス上必要であれば、記載する内容の変更を会社が認めてくれる場合はあると思います。相談者の場合は、「偉くなったと感じないから」といった業務に関係のない個人的理由ですので、変更は認めないとする会社の判断に従ったほうがよさそうです。会社から配布された名刺を使われることをお勧めします。

ココ大事 役職名は会社が決めるもの

24 人事評価のフィードバック、マネジャーが本当のことを教えてくれているか疑問

相談

大手IT企業に勤めているエンジニアです。マネジャーとの面接が年3回あり、うち1回は年間目標の振り返り面接、2回は半期ごとの業績評価の面接です。

その都度マネジャーから評価のフィードバックをしてもらいます。「優秀だと評価している」と言われますが、本当だろうかと疑っています。同じ部門にいる同期のほうが、昇給や賞与の金額が少し多いからです。

回答

筆者はたくさんの企業で人事評価制度についてアドバイスしてきました。その経験から推測してお答えします。

相談者が受けたのは、会社としてのフィードバックではなく、マネジャーによる一次評価結果のフィードバックではないでしょうか。つまり会社や事業部としての最終評価結果ではないということです。

最終結果は大きな組織単位での相対評価

評価は通常、5段階の結果になります。すごく優秀という評価のSランクから順に、S／A／B／C／Dといったものです。数値で結果を表示する会社もあります。評価は、最終的に母集団となる組織の職位（例、中級職や初級職など）ごとに順位づけします。

マネジャーによる評価は、事業組織（部や事業部）で集めたときには偏っています。極端な例ですが、事業部に係長クラスのITエンジニアが合計50人いたとします。全員がS

評価だとすると、結局のところ全員が平均点です。賞与や昇給幅を決めるときに評価分配すれば平均額になるからです。

偏りをなくすために、会社は評価を分布します。マネジャーの部下数のレベルでは少ないので、分布まで考慮できません。分布可能な上位組織レベルで考慮します。具体的には、評価が分布するように目安となる人数比率を設定します。例えばSランクは10%、Aランクは20%といった分布比率です。分布比率によって最終的に評価を決定するので「相対評価」だということです。

分布は目安なので、結果的に、その通りの人数比率にならないこともあります。それでもSランクについては比率を上回らないように人数を絞ります。Sランクは、翌年の昇格候補者として推薦する社員のことも考慮するからです。昇格条件が関わってくるランクなので人数もシビアに調整します。

相対評価には欠点があります。偶然にも優秀なエンジニアが集中した組織があったとします。Sランクがつく人数は決まっているので、優秀なエンジニアの誰かはAランク以下に分布されてしまうのです。

相対評価をしていても、絶対的に「仕事が全くできない人」のランクを別枠で設ける場合があります。相対評価だけだと誰かが「悪い」評価にならざるを得ず、「仕事が全くできない人」だという根拠に乏しいからです。

できる限り目に見える絶対評価が望ましい

一般的な会社での、目標設定から人事評価までの流れは次ページの図のようなものです。能力の確認から始まり、最終的に評価が決まります。

商品の販売個数に応じて支給される販売員やタクシーなどのプロドライバーの給与は出来高払いで、分かりやすいです。出来高払いの給与は、実績や成果（出来高）が給与に連動するからです。

ＩＴエンジニアの出来高に該当する成果の目標について、会社では抽象的な表記が多いようです。目標設定が不明瞭なので、上司も感覚で評価しがちです。これを防ぐのは簡単ではありませんが、ソフトハウスに勤める純粋なプログラマー職であれば、製造本数や規模、品質での絶対評価もある程度は可能だと思います。

一方、大手ＩＴ企業の社員はＳＥの職種が中心です。ＳＥといっても顧客の要求を整理して設計している社員ばかりではありません。テクニカルや顧客サポート、あるいはパッケージの窓口対応に専念している社員もいます。具体的数値の結果による評価は難しいのかもしれません。

それでも、会社には、可能な限り目に見える絶対評価のルールをつくってほしいと筆者は思います。例えば「業績目標を100%クリアしたらS評価」といった具合であれば、目に見える絶対評価が可能になります。マネジャーがつける一次評価と最終評価に大きな差は生じません。もちろん目標レベルについては、全社で、できる限り難易度を合わせておくことが不可欠になります。

上司による評価面接とフィードバックの流れの一例

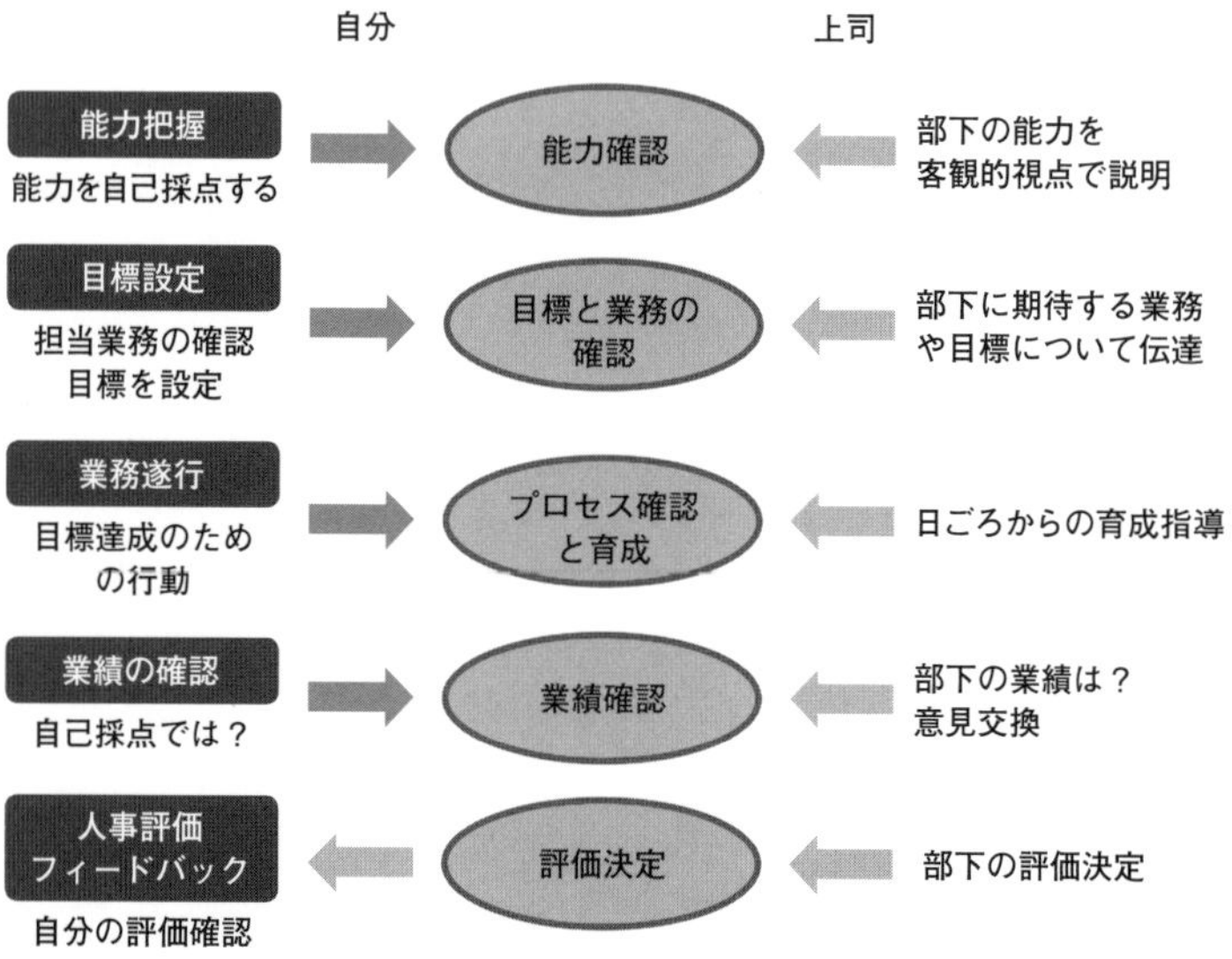

出所：筆者

最終の評価結果を知りたい場合は

最終の評価結果を、会社（人事部など）に聞くと、教えてもらえるのでしょうか？「人事評価結果は個人情報に該当するので開示してほしい」という社員もいます。

会社には答える義務までは求められていません。答えることで業務に支障を来す場合、人事評価結果（個人情報）については開示義務まではないとされています。

相談者は、マネジャーのフィードバックが最終の評価結果なのかを確認してください。そうではない場合、教えてもらっていたのは一次評価結果です。マネジャーは高得点で自分を評価してくれていると割り切って考えてください。

ココ大事

マネジャーの評価は最終結果ではない

25 資格を必要とする昇格制度が不満、仕事の優劣だけで判断してほしい

相談

ＩＴエンジニアです。会社での昇格には、ＩＴや業務系の国家資格取得が条件になっています。上級ＳＥになるには資格以外の条件も重視されますが、中級ＳＥまでは資格と経験年数でほぼ確実に昇格できます。資格マニアの同僚エンジニアは対象資格を取得済みですが、仕事ができず、よく叱られています。言い訳ですが、自分のほうが多忙で資格取得のために勉強する暇がないです。資格を必要とする昇格制度に矛盾を感じます。プロなので仕事の優劣だけで判断してほしいです。

回答

昇格に関して、資格を考慮している企業があります。ＩＴ企業では、ＩＴ系の国家資格やベンダー資格、中小企業診断士、技術士のほか、業務コンサルティングを軸とした税理士や社会保険労務士などが対象になっているようです。以下では、総称してＩＴ資格とします。

相談者は、昇格にＩＴ資格を必要とする制度の企業に勤めているのです。まずは社内で

高いランク評価のＩＴ資格を取ってください。多忙でも、高度なＩＴ資格のほか、中小企業診断士などを取得している友人や知人が筆者にはたくさんいます。相談者の周りにも、見習いたいと思える同僚や先輩はいるはずです。

士業資格は通常、登録が必要なので試験に受かっただけでは名乗れません。「○○士」ではなく「○○士資格取得」といった名刺を見かけるのはそのためです。

ＩＴ資格は「認定資格」

資格には2種類あります。仕事に絶対必要な「免許資格」と、そうではない「認定資格」です。免許資格は、採用時から基本給や資格手当など給与面で優遇されています。例えばドラッグストアに勤める薬剤師が該当します。

一方、ＩＴ資格は認定資格になります。資格がなくても仕事はできますが、保有していれば、対外的に専門的スキルを有しているという証明になります。社内独自の認定試験制度を設けている企業もあります。

ＩＴ資格は社外でも通用します。ＩＴ業界で生きていくなら取得しておくべきです。転職時はアピール材料になります。

「資格と仕事のスキルは一致しない」「仕事上、必要性を感じないから勉強する気がしない」といった話を聞くことがあります。このような意見を聞くと、筆者は冷めてしまいます。資格を持っていない愚痴や、昇格できない言い訳にしか聞こえないからです。

繰り返しますが、相談者は資格が必要だとする会社に勤務しているのです。その土俵で勝負していかなければなりません。

公平になるように昇格制度の設計を

会社は、ＩＴ資格を昇格の必要条件として活用できます。そのためには具体的な昇格条件を明確にする必要があります（ここでいう昇格は、役職ではなく、給与資格が上がるという意味です）。例えば、ＳＥで初級Ｂ職から初級Ａ職になるときは基本情報技術者の資格以上、中級職になるには応用情報技術者以上の資格が必要といった条件です。

１９８０年代頃まで、ＩＴ国家資格は特種／第一種／第二種の情報処理技術者試験だけでした。その後ずいぶん多様化し増えたのです。資格の分類と昇格の関係表をつくるのは大変ですが、会社は、社員に公平になるよう制度設計をしなければなりません。

仕事は優秀なのに、なぜかＩＴ試験に受からない社員がいます。その救済策として、社内試験や特別推薦、下位のＩＴ資格の複数取得で可とすることがあります。ただし、例外となる特別推薦は不公平感を生むので、あまり昇格判定で使うべきではありません。制度をつくった以上、原則として社員を平等に扱うべきだからです。特別推薦での昇格は有効期間内（例、3年など）に資格を取得しなければ降格させるぐらいの条件を付与しておくといいでしょう。

昇格と資格のマッチングは慎重に行う必要があります。試験合格の難易度を考慮しなければ、社員が報われません。

制度設計から運用後も、社員からはいろいろな意見や要望が出るでしょう。例えば「技術職から事務職に異動した場合の手当はどうなるのか」「営業や事務職がＩＴ資格を取ったときも昇格対象か」「技術士や中小企業診断士は、ＩＴ資格として特に優遇すべきだ」「業務コンサルでは会計システムは税理士、人事給与システムは社会保険労務士といった専門資格を優遇すべきだ」などです。

ＩＴ企業といってもＳＥやプログラマーなどの技術職だけではありません。コンサル、営業、企画や事務職とさまざまです。事務職にも、簿記やファイナンシャルプランナー、衛生管理者、他の検定資格など多々あります。会社は多くの職種への対応を考慮する必要があります。

社員は昇格すれば毎月の給与が増えます。通常、誰もが昇格したいはずですから資格取得のために勉強します。相談のケースのように、資格取得者が有能だとは限りません。仕事ができない人も存在しますが、そんなことは、会社は制度構築時に織り込み済みです。なので、資格だけでは上級ＳＥには昇格できないとなっているのです。

相談者の会社は、資格を重視しています。ご自身のためにも高度なＩＴ資格を取得してください。対象ランク以上のＩＴ資格を取って堂々と昇格してほしいものです。

ココ大事 昇格ルールにある資格を取ってから不満を進言すべき

26 マネジャー昇格試験の勉強は労働時間に当たる？

相談 ＩＴ企業勤務のＳＥです。当社では課長（マネジャー）昇格時に試験があります。受かるためにはｅラーニングでの研修、そして小論文と面接試験をパスする必要があります。昔は、日中に社内で勉強することが認められていたようです。今は社内で

の勉強が許される雰囲気はありません。私はｅラーニングを含め自宅で勉強していますが、労働時間に該当するのでしょうか。

回答

相談に答えていきますが、そもそも課長昇格試験は受けなくてもいいわけです。課長昇格試験を受けるか否かの判断は、最終的には社員の選択になります。現在の相談者は係長や主任といった役職でしょう。試験を受けなくても担当職に降格させられるような不利益を被ることはありません。通常は部門推薦などを経て昇格試験を受ける機会を与えてもらうので、ありがたく受ける社員がほとんどだと思います。

研修や小論文などは、要領がよくて基礎知識を有している社員なら、少ない勉強時間で済ませるでしょう。どのくらい時間をかけて勉強するかは本人の自由です。

昇格試験を受ける、勉強するといったことを会社が義務付けているわけではありません。自らが選択したものです。業務命令ではないので、労働時間だというには無理があります。

筆者は、大手ＩＴ企業を定年退職した人たちと話すことがあります。昔は、会議室にこもって課長昇格試験に向けて勉強した、あるいは外出扱いにしてもらって自宅で勉強していたといった話を聞くことがあります。部門長が融通を利かせてくれた、会社全体がそんな雰囲気だったということです。受験のような筆記試験だったようです。

課長昇格試験が人生の一大事という暗黙の了解があり、周りが気遣ってくれた時代だったのかもしれません。一方、試験の負担が大きすぎると、本来の業務に支障が出てきます。現に上述の場合、勉強している間は仕事をしていません。

現在、そのような筆記試験を実施している企業はほぼないと思います。少なくとも筆者の知っている企業の中にはありません。今は、筆記試験は小論文や一般常識問題ぐらいにしています。これらは事前準備が難しく、勉強という負担は少ないと言えます。普段の資質や能力を測れるのでいいと思います。

プレゼン資料など提出させる会社も

管理職への登用のときに、筆記試験や面接を実施している企業があります。課長ではなく、部長職への昇格時に試験を設ける企業もあります。

相談者の会社にはeラーニング研修があります。会社によって、社員に受けさせる研修内容や種類、ボリュームは異なります。外部の研修会社を活用することが多いです。

事前に２０００文字程度の論文やプレゼンテーション資料などを提出させていた会社もありました。何かしらの事前提出があるスタイルの試験は、少なくなっていると思います。部門長など現場の上司が、提出予定の資料をチェックすることが多いようです。いわゆる添削やプレゼンテーションのリハーサルなどの指導です。

上司も巻き込んで事前準備する試験になります。一緒に考えて、協力するわけですから、上司にとっても負担です。筆者はこうした試験のやり方にはあまり意味がないように思いますが、いかがでしょうか。

試験は本人の能力を重視するものです。試験当日にいきなり課題を与えて小論文を書かせるほうが、能力の高低を判別しやすいと感じます。

小論文に書いたことを、面接で聞かれることもあろうかと思います。日ごろから、業界動向を含め自社や事業部のビジネスのことを考えながら仕事をする癖をつけるといいでしょう。いつも考えていることを小論文にすればいいのです。

言いたいことを相手に分かりやすく伝える表現力を磨いておきたいものです。上司や顧客へのメール報告も、意識しながら文章を作成してください。

通常、会社員生活で管理職への昇格試験は1回だけです。苦労も1回だけと思えば気も楽です。後悔しないように、頑張ってください。

ココ大事

昇格試験の勉強は労働時間ではない

第6章

服務規律や懲戒処分に関するトラブル

常識外の行動で、社内の風紀を乱す従業員はたくさんいます。顧客のシステムを開発するＩＴ企業も例外ではありません。

常識外の行動にどう対処すればいいか悩まれるかもしれませんが、就業規則に定めている服務規律をもとに指導や処分をするよう心がけましょう。指導の根拠が明確だからです。

現実には、就業規則に書かれていない（想定していない）行動で会社や同僚に迷惑をかける従業員もいます。定期的に服務規律を見直してください。

判断基準の１つはカタカナの有無です。カタカナのない服務規律は時代に合っていない古いものだと言えます。例えば、ＳＮＳ（ソーシャルネットワーキングサービス）への会社や上司、同僚に対するひぼうや中傷の書き込みを禁止する条文です。古い就業規則には、ソーシャルネットワーキングサービスという単語がありません。

見直しを繰り返すと、学校の校則のような条文が増えていきます。会社は、社会人の集まりなのに情けないとお感じになるかもしれませんが、非常識な従業員ほど「どこに規定されている」「聞いていない」と反論してくるものです。対策として服務規律を充実させる必要があります。

非常識な行動や服務規律に従わないトラブルの相談を取り上げました。次の５つになります。

・会社スマホを紛失したが数時間後に発見、すぐに報告すべきだったのか？
・勤務中にイヤホンで音楽を聴いたら注意されたがやめなければならないのか？
・会話を四六時中スマホで録音する部下の行動をやめさせたい
・社内外のメンバーに借金する部下にどう対処すればいいのか
・アロハシャツ姿の中堅ＳＥを注意したら逆上されたが、この後の対応は？

27　会社スマホを紛失したが数時間後に発見、すぐに報告すべきだったのか？

相談

ＩＴエンジニアです。会社から業務用スマートフォンが貸与されています。先日、そのスマホを一時的に紛失しました。数時間探した結果、見つかったので会社や上司には紛失のことを報告していません。立ち寄った飲食店にあったので、翌日、受け取りに行きました。通常、紛失すると、すぐ会社に報告するものなのでしょうか。報告するかどうか悩みましたが、数時間で見つかってよかったです。

回答

ＩＴエンジニアはリモートワークが中心となりました。ある大手ＩＴ企業に勤める若手ＳＥたちに聞いたところ、出社は週に1、2日程度だということでした。

リモートワークが浸透している場合、会社貸与のスマホは業務に必須であり、常時携帯することになります。貸与スマホの紛失は当然、あり得ます。紛失すれば、顛末《てんまつ》書や始末書を提出するのが一般的です。

早めにあきらめることも必要

立ち寄った飲食店にあったとのことですが、相談者はスマホをすぐに見つけられて良かったです。飲食店のほかにも、出張先のホテルや取引先、顧客の会議室やトイレに置き忘れたという話を聞いたことがあります。紛失には、十分気をつけてください。

筆者も職場内でスマホをどこに置いたのか分からなくなるときがあります。とりあえず、自分のスマホに電話します。音が鳴るモードにしているので、それで分かります。スマホの位置情報を確認もできます。自分で確認できない場合はスマホの契約会社に問い合わせてもいいでしょう。

探しても見つからないときは、早めにあきらめて会社に紛失を報告してください。長時間経過後の報告になると「なぜ判明したときに報告しなかったのか」と叱られます。スマホからの情報漏洩リスクが高まるからです。

筆者の知る例で、以前、見つかるはずだと考えて数日報告をしなかったＩＴエンジニアがいました。結局、見つかりませんでした。会社に黙っておきたい、見つかれば何事もなかったことになるという考えが、報告を遅くしたのでしょう。

社内で紛失した場合、誰かほかの社員が総務部門やビルの管理室などに届け出てくれることが多いです。この場合、あまり問題にはならないと思います。

一方、アルコールに起因する紛失は心証がよくありません。スマホだけでなく、パソコンやＵＳＢメモリーなどを紛失しないように気をつけてください。持ち歩かないという選択肢もあります。

飲み会後の紛失相談は毎年あります。筆者が知る範囲ですが、顧問先を含めて紛失を起こした社員はすべて男性でした。

スマホは、ストラップの利用やファスナーのあるポケットに入れるなどして事前に対策しておきましょう。酔っ払ってカバンを忘れる人がいます。スマホを入れたまま、タクシー内や電車の網棚に置きっぱなしにしてしまう事態が考えられます。スマホは身につけるほうが無難だと思います。

可能性は誰にでもある

筆者はＩＴ企業の会社員だった時代に、会社貸与の携帯電話を持っていました。スマホではなく、２つ折りのいわゆるガラケーです。エンジニア全員が会社貸与の携帯電話を持っている環境ではありませんでした。

貸与されているのは、営業や外出が多いエンジニアや役職者といったところです。それでも紛失事故は起こっていました。

筆者は紛失リスクより、個人と会社貸与の２つの携帯電話を使い分けるのが単純におっくうになり会社貸与の携帯電話は返却しました。

当時は出社形態の勤務が大前提でした。顧客や取引先からの連絡は会社の固定電話にかかってくる一方、携帯電話への連絡は上司や部下からなので、個人携帯だけで十分でした。

今は、ＩＴエンジニアのほぼ全員が会社貸与のスマホを持っていると考えていいでしょう。個人所有のスマホや財布を紛失してしまうのと同じように、会社スマホの紛失が起こるのは仕方ありません。

企業側は、紛失は当然起こると考えています。その前提で、紛失時の対応について社員に周知しています。紛失時の連絡先や報告について、会社が定めたルールがあるでしょう。社員から紛失の連絡を受けた担当部門や上司は、適切な指示を出してください。警察や交番に遺失届を提出することになっていると思います。手続きは簡単です。警察には届け出ておくべきだと考えます。

紛失事故では、顛末書（紛失経緯などの報告）を提出することになるはずです。紛失の状況や経緯を忘れないようにメモしておいてください。

ココ大事

スマホやパソコンの紛失は懲戒処分の対象

28 勤務中にイヤホンで音楽を聴いたら注意されたがやめなければならないのか？

相談

プログラマーです。自宅でテレワーク勤務するとき、音楽を聴きながら作業しています。習慣化してしまい、音楽がないと調子が出ません。最近出社した際、イヤホンを使って聴いていたところ、それに気づいた上司から注意されました。迷惑はかけていないと反論しましたが取り合ってくれません。「やめなさい」と注意されるほどのものでしょうか。

回答

音楽を聴くことにはリラックス効果があるうえ、モチベーションも上がるという説があるようです。効果については専門外なので、職場のルールという観点からお答えします。

イヤホンで音楽を聴きながら仕事をする、これを許すか許さないかは会社が決めることです。上司は個人的見解で判断してはいけません。他の組織と整合性が取れなくなります。

音楽を流す方針の会社も

会社には、社員が働きやすくなるよう職場環境を整える義務があります。リラックス効果を考慮して、音楽を流している会社もあります。

筆者が訪問したベンチャー企業やソフトハウスで、低いボリュームの音楽が流れていたことがありました。大手ＩＴ企業への訪問ではそのような経験はありませんが、音楽を流す事業所はあるかもしれません。

このようなケースは、会社の方針で音楽を流しているのですから問題ありません。人によって聴きたいジャンルは違うかもしれませんが、社員全員が平等に聴けるわけです。

現在、音楽を流さない会社のほうが多いと思います。その環境下で誰かが、個人的にイヤホンやヘッドホンで注意されることもなく音楽を聴いていたとしましょう。「うちの職場は音楽を聴いていいのだ」と周囲の社員は判断するので、音楽を聴き始める同僚がいるはずです。音が漏れて、耳障りで迷惑だという同僚もいるでしょう。

部門内で許すと、他の部署の社員から、いずれ不平等だという声が上がるかもしれません。音楽を流すのなら、会社は社内全体に低いボリュームで聴こえるようにすべきです。

相談者の場合は上司に不満を持っているようですので、念のため人事部に問い合わせてはいかがでしょうか。だめならやめなければなりません。具体的に「音楽やラジオなどを聴きながら仕事をしてはいけない」と就業規則に記載している会社もあります。

仕事に専念すべき義務がある

極端ですが、社員全員がイヤホンやヘッドホンで音楽を聴いているとしましょう。話しかけられても、電話が鳴っていても、誰も気づかないかもしれません。それは問題です。社員には、就業時間中は職務に専念する義務（「職務専念義務」）があります。会社にいる間はいろいろな制限が設けられています。社員へ求める義務や禁止事項について、各会社の就業規則の「服務規律」に詳しく書いてあります。

具体的には、仕事中は「職務に専念しなければならない」「私的なＷｅｂサイト閲覧やメール、電話をしてはいけない」「職場内で政治的活動や宗教の勧誘をしてはいけない」「たばこを吸ってはいけない」などです。

ほかにもたくさんあります。身だしなみ、風紀関係、相談のケースのような音楽についてなど多種多様です。

まるで学校の校則のように年々、条文は増えています。現場や上司の裁量だけでトラブルが解決できなくなってきたからです。筆者の感覚だと、20年ぐらい前からでしょうか。

具体的に就業規則に書いておかないと上司と部下でトラブルになることが増えました。

相談者は、一度自社の服務規律を確認してみてください。音楽禁止のルールがあれば、素直に従ってください。

相談のケースでは、音楽を禁止する根拠を上司は説明しなければなりません。論理的に説明すればいいのに、怒鳴ったりする上司もいて、さらに紛糾することがあります。上司は個人的見解で注意するのではなく、会社としての統一見解を伝えるべきです。もしかすると、仕事に支障のないボリュームで音楽を社内に流そうと会社が判断するかもしれません。

ココ大事

就業中は会社のルールに従わなければならない

29 会話を四六時中スマホで録音する部下の行動をやめさせたい

相談

プロジェクトマネジャーです。最近、ある部下が社内の会話をスマホで常に録音していることが分かりました。確認すると、上司や先輩の指導に納得がいかず、いつかパワハラに発展したときの証拠にしようと考えていたようです。周りのメンバーも大変迷惑しています。こうした行為はどうやってやめさせればいいのでしょうか。

回答

まさにスマホの性能が進歩したために起こる事態です。今では専用の録音機器ではなくスマホで十分です。メモリーやＳＤカードの容量が許す限り、何時間でも記録できます。机上にスマホやタブレットが置かれる光景も自然になりました。スマホやタブレットで録音アプリが常時起動していても分からないと思います。

では、隠れ録音は許されるのでしょうか。上司や先輩社員に比べて部下や後輩社員が立場的に弱いのは事実です。世の中には悲しいことにブラックな会社や上司が存在します。そのような会社では常識が通用しないので、弱い立場の社員が証拠を残そうとするのは当然です。

しかし、相談のケースは少し度を越しています。耐え難いパワハラが日常的に起こっていて、その証拠を残そうとしているわけではありません。これでは社内の日常会話まで録音されることになり、職場環境が悪くなるのは明白です。

情報漏洩の危険がある

明確な理由も無いのに、就業時間中のすべての会話を録音する行為はやめさせるべきです。顧客や取引先との電話、打ち合わせの会話、同僚同士の日常的な会話までデータとして残ります。職場の同僚間だから話せる会話もあるでしょう。業務内容で社外に知られてはならない会話もあります。

例えば、顧客のシステム開発においては、要件定義から本番稼働に至るまで、各場面でボタンの掛け違いからトラブルに発展するケースがあります。費用やスケジュールの調整で、社内会議では顧客に知られたくないことも言っているのではないでしょうか。

トラブル対応で仕事が増えた社員は、顧客への愚痴を言っているかもしれません。新規受託の見積もりでは、リスク分を考慮してコストや工数を上積みしておくなどの会話もあるでしょう。

このような会話データが外部に漏れる可能性があるのです。会話の内容がネットに書き込まれたり、ＹｏｕＴｕｂｅなどに投稿されたりすれば大問題です。特に顧客に関するものは、内容によっては経営陣の責任問題に発展しかねません。

しばしば個人情報の漏洩などがニュースになりますが、個人情報に限らず社内には顧客、取引先を含めて多種多様な情報が存在します。これらの情報を社外に漏らされると困ります。よって、会社は入社時に秘密保持契約書を提出させ、就業規則などで、漏洩がないよう守秘義務を規律しているのです。こうした観点から、情報漏洩リスクが高まる社員の録音行為はすぐに禁止すべきです。

ただし、犯罪に近い行為や重大なパワハラがある場合などでの録音もあるかもしれません。会社や職場は、こうした事情に応じて適切な処置を考慮する必要があります。

相談のようなケースは、昔はありませんでした。類似の相談が筆者に届くようになったのは最近の話です。時代と共に労務相談が変化していると感じる内容です。

ココ大事

情報漏洩の危険あり

30 社内外のメンバーに借金する部下にどう対処すればいいのか

相談

大手ＩＴ企業で部長を務めています。社内で多数のメンバーから借金をしている社員がいます。毎月頼まれている社員もいるようで、協力会社のプロジェクトメンバーにまで借りているとのこと。当然、あちこちから苦痛で迷惑だという苦情が出ています。上司として、どのように対処すればいいのでしょうか。

回答

同僚から「お金を貸して」と言われると断りにくいものです。社内で顔を合わすので断り方や理由について気を遣うことでしょう。「給料日に返すから」と言われると、貸してあげようと思うかもしれません。

社内でも友人同士なら問題になることもあまりありません。飲みに行くことになったときに「金欠なので貸して！」というようなことはあるでしょう。

とはいえ、相手が親友でなく単に職場の同僚という関係なら、相談者のように迷惑だというクレームが部門長や人事部の耳に届いてくるものです。こうなると、職場のトラブルとして放っておくことができません。

社内の金銭トラブルは意外と多いものです。相談のケースは、友人関係でもない同僚を多数巻き込み、かつ協力会社のプロジェクトメンバーにも借りています。苦情にまで発展しているので問題であることは明白です。

部門長や人事部は個人間の問題と無視してはいけません。迷惑を被っている社員や協力会社がいて、職場環境が悪くなっているのです。職場や会社の問題として捉えなければなりません。

社外での借金を含めれば、金銭トラブルの事案はさらに多くなります。悪い噂が広がり、最後は退職に至ることも少なくありません。退職金で清算するために、やむなく会社を辞めるケースもありました。

物品販売をして稼ぐ迷惑行為も

自らの利益を得るために、商品などを同僚や後輩、協力会社、取引先にまで勧める社員もいました。嫌だとしても、関係性を考慮すると断りづらくなります。

個人的な友人関係でない場合は、迷惑がる社員が多いことを認識すべきです。友人でも嫌でしょう。こうした話についても、部門長や人事部などに対応してほしいとクレームが上がってきます。

では、会社はどう対処したらいいのでしょうか。大事なのは、お金の借用や物品の購入勧誘は駄目だと明言することです。

社内でも、個人的な信頼関係下にある友人間での話なら、そもそもクレームとして上がってこないので問題になりません。

問題は、仕事関係だけの付き合いでお金の貸し借りなどがあった場合です。迷惑がる社員数が多くなるほど自然と悪い噂が流れてきます。

迷惑だと思うのは明白なので、断りやすいように服務規律に明言しておくのがいいでしょう。そうすれば、「会社で禁止されているから無理です」と断りやすくなります。服務規律はどんな会社でも就業規則に明記されています。ここに記しておくのです。

例えば、他の社員と円滑な交流を行い、職場環境の向上に努めること、職場の風紀・秩序を乱さないことなどを規律化します。さらに、金品の借用や個人的な利益を受ける販売などを行わないことも明確に書いておくといいでしょう。

個人の借金うんぬんはさておき、借金の申し入れが迷惑だという同僚社員の存在や職場環境（人間関係）の悪化に対して、部門長や会社は注意すべきです。

いずれにせよ、社内の同僚たちからの多額の借金はやめたほうがいいでしょう。本人にとって、会社生活上でマイナス要因にしかなりません。

ココ大事

社内でのお金の貸し借りはトラブルのもと

31 アロハシャツ姿の中堅ＳＥを注意したら逆上されたが、この後の対応は？

相談

服装について教えてください。先日、アロハシャツと破れたジーンズで出社してきた中堅ＳＥがいて、さすがに問題があると思って注意しました。ところがそのＳＥに「服装は自由だ」と逆上されて紛糾しました。「服装をこうしろと強制されるのはおかしい」と言い出す始末です。職場ではどのように対応すればいいのでしょうか。

回答

クールビズが流行してから、身だしなみに対する意識が変わったと感じます。筆者は相手に不快感を与えなければ1年中自由な格好でいいと思います。

ただ、不快に感じるかどうかは相手によって変わります。よって、職場でも一定のルールを設ける必要があります。特に大企業になれば社員数が多く、常識だけでの管理は不可能です。ルール作りは当然であり、内勤・外勤や、業態・職種によって、一定程度の服装ルールを決めることをお勧めします。

職種によって感覚は違う

ベンチャー企業では、カフェのようなオフィスで服装も自由な場合が多いようです。Ｔシャツでも不快に感じず、逆に新鮮と思ってしまいます。筆者も講演時などを除いて年中ノーネクタイなので、違和感がないのかもしれません。

ただ、自社内でカジュアルな服装がＯＫでも、顧客先を訪問するＳＥや営業担当者がラフすぎる自由な服装だと相手が不快に感じるでしょう。飲食店で店員が、ボサボサの髪で汚らしい服装だと嫌なのと同じです。年齢層で不快に感じるレベルも違いますが、会社のイメージやブランドを損なうような服装や身だしなみはやめさせなければなりません。

基本は自由な服装でＯＫだとしても、常識を逸脱する問題社員は必ず出てきます。よって、クールビズの運用でも常識的な服装範囲とするのです。問題は、常識の範囲を誤認識する社員です。そのためにルールが必要です。服装についてのルールを守らせることは就業時間中であり、会社の指示下で問題ありません。

半パンやサンダル、破れたジーンズでの出社例も

では、どんな服装が常識の範囲を逸脱しているのでしょうか。筆者が経験した、服装や身だしなみの相談例には次のようなものがありました。

半パン、サンダル、破れたジーンズ、派手なアロハシャツやTシャツ、目立つ茶髪や金髪など。通勤は自由でも、社内では会社のルールに従わなければなりません。

特に年配の社員は不快に感じるのではないでしょうか。服装を常識の範囲内で自由とするとだけ職場で通知すると、上記のような服装や身だしなみの社員が出てくるものです。上長や先輩が注意すると「ダメだというルールを聞いていない」と反論します。中には「表現の自由」「自己決定権」などと主張する面倒な社員もいます。普通の感覚からすれば、あきれて物が言えないのではないでしょうか。

こうした時は、あくまで会社内の風紀ルールだと説明しましょう。プライベートタイムは好き勝手してくださいと。

服装ルールは会社や職場で決めればいいことです。学校でいえば制服を指定しているようなものです。もう大人の集団なのに細かい服装ルールまで決めなければならないのは情けない話ですが、そうした会社では常識論ではなくルールを作っておかなければならなくなります。服装の乱れは心の乱れ。他のトラブルにも発展しかねません。身だしなみの問題が多くなると、スーツやカッターシャツが原則となるかもしれません。問題社員がいたらほかの社員にも迷惑をかけます。

例年、このような相談があります。みんなが常識の範囲で対応すれば、会社のルールも必要ありません。そうでないので、サンダルや半パン禁止などルール化している会社がいくつもあるのです。会社によっては襟のあるシャツはＯＫ、ジーンズもＯＫ、ただし破けたジーンズはＮＧなどと細かく決めている場合もあります。

ココ大事

身だしなみや服装は、会社の指示に従う必要あり

第7章

ハラスメントやメンタルヘルス問題

多くの職場に、パワーハラスメント（パワハラ）やセクシャルハラスメント（セクハラ）があります。皆無だと言い切れる会社は少ないでしょう。筆者もハラスメントに起因する相談は繰り返し受けています。ＩＴ企業も例外ではなく、ホワイト職場を目指すなら避けては通れない問題です。

ハラスメント行為は、誰もが良くない、やるべきでないと分かっています。難しいのは、どこからがハラスメントになるのかの線引きがないことです。

例えば、上司のきつい言い方がパワハラだと会社（ハラスメント相談窓口）に訴える部下がいます。相談があったからと言って、すぐに加害者と被害者に分けるのはやめましょう。まずは事実か否かの確認です。両者の言い分はまずかみ合いません。こんな時は、相談したことを秘密にしてほしいと言われた場合を除き、同じ部門の同僚にヒアリング調査を実施します。

結果は相談事案ごとにさまざまです。上司の言い方がひどい、きつすぎるという声が多い場合もあれば、パワハラだと訴えている本人のほうが悪い、叱られて当然だという意見が大半を占める場合もあるのです。パワハラ発言は、暴行のように明確なものではありません。人それぞれに感じ方が違うので判断が難しいのです。

筆者は、ヒアリング調査で同僚たちの大半がパワハラだと言うのなら、事実と判断すべきだと思います。会社として、急いで対策を講じる必要があります。

ハラスメント相談の多くはパワー（権限）を持つ上司から部下に対するものです。部下は反論しづらく、理不尽なハラスメントはストレスになり職場環境にも影響します。

にもかかわらず無意識にハラスメント発言をしている上司が多いのが現実です。そんな上司のいる職場で起こっている相談を取り上げました。次の6つです。

- 有給休暇の申請のたびに理由を聞いてくる上司、答えなければならないのか
- 「セクハラされています」、若手女性ＳＥからこんな相談を受けたら
- 上司からの頻繁な飲み会への誘いはパワハラに当たるのではないか？
- プログラミング経験がない上司から偉そうに「なぜ遅延する」と言われてくやしい
- 毎年続く職場の「義理チョコ」にうんざりしている
- メンタル不調の休職から回復したが、診断書を提出せずに復職できるのか

32 有給休暇の申請のたびに理由を聞いてくる上司、答えなければならないのか

相談　30代女性のSEです。有給休暇の取得を申請するたびに、上司から「何するの?」「どこか行くの?」と理由を聞かれます。はっきり言ってうざいのですが、答えなければならないのでしょうか。

回答　結論から述べると、理由は必要ありません。単に休暇申請書を提出すればいいだけです。

あまり神経質になりすぎず、適当に答えておけばいいでしょう。上司も親近感を持っていて、悪意なく聞いているのかもしれません。筆者も会社員時代は、仲の良い部下に何気なく聞いていました。部下も申請時に「旅行に行くので」などと話してくれて、雑談になっていたように記憶しています。

会社によっては、提出書類に有給休暇の取得理由欄を設けている場合があります。筆者は時代遅れだと思います。理由によって休暇を「認める」「認めない」の判断はできません。

理由を聞いても意味がないのです。

難しいのは、相談者のように毎回のように口頭で聞かれる場合です。嫌いな上司だったらプライベートな会話をしたくないと考えるでしょう。今の時代、プライベートに深入りしないのは常識です。立ち入りすぎるとパワハラやセクハラと言われかねません。「プライベートのことなので内緒です」とニコッと答える程度で、嫌がっていると気付いてくれるのではないでしょうか。もし気付かない上司なら、つける薬がなく最悪です。より上位の上司に相談するしかありません。

有給休暇取得は申請して終了

そもそも有給休暇申請は、提出して終わりです。承認うんぬんは原則関係ありません。上司はルールの期限内に申請があったかどうかをチェックします。

会社によってルールは異なります。有給休暇申請は「前日まで」「1週間前まで」といった具合に提出期限のルールが決まっている場合があります。長期休暇については、もっと前の期日を設定し、引き継ぎにも言及している会社が多くあります。

ただし、有給休暇は社員の好きな時にいつでも取得できるわけではありません。事業の正常な運営ができない場合は、有給休暇の取得日を変えてほしいと上司も言える権利（時季変更権）があります。それでもこれは、係長や課長クラスが困る程度では使えないと考えるべきでしょう。時季変更権の行使のハードルは高いのです。

ここまで社員の権利を中心に述べましたが、社員も協力する姿勢が必要です。重要な業務を担当する社員ほど、顧客やプロジェクトメンバーから頼りにされます。特に顧客先で運用テストを実施していたり、本番稼働後の不慣れな時期だったりする場合、何かあったら連絡を取りたいと周囲が考えるのは自然です。

上司もできる限りは連絡しないはずですが、何が起こるか分かりません。電話ができる状況なのかを確認したい場合もあるはずです。

法的には有給休暇の取得理由や行先などを答える義務はありません。しかし電話が通じる時間などの情報交換は、信頼関係の中で良好にやることが大切です。もちろん上司は些細なことで有給休暇中に連絡してはなりません。部下も楽しくない休暇になってしまいます。

ココ大事

有給休暇の取得に理由は関係なし

33 「セクハラされています」、若手女性SEからこんな相談を受けたら

相談　開発チームのリーダーを務めています。先日、20代後半の女性SEから「セクハラされています。助けてください」と相談を受けました。聞くと、ある上司から「仕事の話がある」と、頻繁に飲食の誘いがあるとのこと。身体接触はないようですが、断り切れずに相当ストレスがたまっているようです。どのように対応すればいいのでしょうか？

回答　筆者もセクハラの相談をたびたび受けます。今では男性もセクハラだと言える時代ですが、会社を通じて筆者に相談があるのは圧倒的に女性です。事実だった場合の人事処分を含めて相談があります。

１９８９年、「セクハラ」という言葉は流行語大賞に選ばれました。その後、男女雇用機会均等法の配慮義務として明文化されたのが１９９７年です。それから25年以上が過ぎ、世間一般に問題として認識され、会社ではセクハラ防止の周知や啓発、相談窓口の設置な

どを行わなければならなくなりました。

「見て見ぬふり」は配慮義務違反

それでも大きなトラブルに至っていないものを含めて、社内にはセクハラが存在するものです。相談者のケースもそうでしょう。特に上司や先輩などパワーを持った立場の人が加害者になるトラブルが目立ちます。権力をかざすので、女性社員も断りづらく、内面的なストレスが重くのしかかっていくようです。

では、セクハラを相談されたらどうすればいいのでしょうか。重要なのは、たとえ身体接触がないセクハラであっても、会社や周りが適切に対応することです。「個人間の話だから」と見て見ぬふりをするのは最もダメな例です。セクハラのストレスからくるうつ病や最悪の場合の自殺などは、労働災害（労災）となります。会社や職場の責任者は配慮義務違反に問われます。

セクハラの相談を受けたら「秘密厳守」で対応することも大切です。安易に電話で受けずに、会議室などでじっくり話を聞き、事実を確認して記録に残してください。

相談のはずが「火に油を注ぐ」ことも

被害者と加害者の間に入って「俺が何とかする！」などと意気込むのも禁物です。あなたが取るべき行動の主たる目的は事実確認であり、聞き役に徹することが重要です。決して、相談されて次のような態度を取ってはいけません。

「あいつはそんなことをするようには思えない」
「あなたもなぜ断らなかったのか？」
「外で会わなければよかったのに」

こんな言葉を返されたら、被害者は「この人は加害者の味方だ」と受け止めます。こうなると、話が余計にややこしくなるでしょう。

事実確認に当たっては、加害者・被害者と線引きせずに進めるのがポイントです。被害者に話を聞いたあと、加害者にも話を聞くことになるかもしれませんが、あなたは捜査機関ではありません。加害者とされる社員に対しても、最初から加害者扱いするのではなく、冷静に事実を確認すべきです。信頼関係があっても、この段階で人事部に入ってもらうのがいいケースもあります。

「○○ちゃん」はセクハラになる？ならない？

セクハラの言動には類似性があります。例えばパワハラと合わさった言動。「契約を更新するから」「正社員にするから」「昇進や昇格をさせるから」といった言葉をちらつかせ、性的関係を迫る例が代表です。あるいは相手が嫌がる差別的発言を繰り返す例も目立ちます。「女のくせに」「女の子」などがセクハラ発言とされています。

「○○ちゃん」と呼ぶのはどうでしょう。セクハラは相手が内面的に嫌かどうかによって決まるので一概には言えません。以前ある女性社員からこんなことを言われました。「社内で○○ちゃんと呼ばれていますが、嫌なことはありません。むしろ好意的な関係で雰囲気も良いです」。

ところがこの女性は「××課長から○○ちゃんと呼ばれるのだけは嫌です」と話すのです。「××課長だけは嫌」というのは逆に差別的発言になるのですが、筆者はこのような話については、あまり過敏にならないようにと伝えています。

セクハラ行為が事実だったら

状況を確認した結果、セクハラが事実だと分かったらどうすればいいでしょうか。内容にもよりますが、人事部や上司に報告・相談のうえ、例えば今後は電話やメールをしない、会わないといった具体策を講じます。内容的に重いケースであれば、引き離す目的で異動まで考えるほうがいい場合もあります。そして会社側は、就業規則に基づいて処分内容を決定します。

異動で考慮しなければならないのは、被害者側の意見を尊重することです。被害者は自身の異動を望んでいないかもしれません。これは正社員や派遣、パート、契約社員といった区別をせずに、誰を異動させるかを検討すべきです。

被害者は精神的に弱っています。本人にとって働きやすい環境への改善、カウンセリング対応なども必要です。これらは人事部だけの仕事ではありません。あらゆる職場のリーダーが、意識して取り組む必要があります。

ココ大事

加害者・被害者扱いせずに、平等な立場でヒアリング

34 上司からの頻繁な飲み会への誘いはパワハラに当たるのではないか？

相談

残業しているメンバーに対して、上司が頻繁に「飲みに行こう」と声を掛けます。みんな忙しいので断ると不機嫌になり、あるときは「これではコミュニケーションが取れない」と言われました。これはパワハラに当たるのでしょうか。どのように対応すべきなのか教えてください。

回答

言うまでもなく、飲み会は仕事と関係ありません。「コミュニケーションのために飲み会が必要」という論調の言葉は、余計なひと言です。飲むことがコミュニケーションにつながる時代ではなく、強要するとパワハラだと認定されてもおかしくありません。

「コミュニケーションが取れない」というのは確かに余計なひと言です。ただ、まずは各メンバーが本当に嫌がっているのか確かめてみてはいかがでしょうか。誘うときの話し方や雰囲気によって、強制的な空気か否かが違ってくるからです。

例えば、声を掛けているのは普段よく飲みに行く特定のメンバーだけかもしれません。また、上司も飲み会の強要はＮＧだと理解しているはずなので、少なからず気を遣っていると思います。誘いを断られて寂しい思いをする、シャイな上司も多くいます。誘う側も勇気がいるものです。

しつこい誘いはアウト

それでも、飲み会への強制な誘いはアウトです。周知のはずなのですが、類似の相談はなくなりません。飲み会だけでなく、球技大会やボウリング大会などの社内行事も同じです。休日や定時後はプライベートタイムですので強制できません。

こうした相談を受けるたびに、自主参加が原則だと理解していない管理職がまだまだ存在することに驚きます。社内行事に参加させるように、上司も会社からプレッシャーをかけられている場合がありますが、部下への伝達には気遣いが必要です。

筆者の顧客を見ると、飲み会をめぐる目に余るトラブルは少なくなりましたが、世間では継続して起こっているのかもしれません。以前は明らかに上司が悪いという相談がいくつもありました。

明らかに上司が悪いというのは次のような発言です。「仕事ができないのなら親睦会や行事に出ろ」「プロジェクト終了の打ち上げは必須参加だ」「忘年会は強制参加だ」という類のものです。明らかに、とんでもない上司で間違っています。

飲み会には参加したものの、「飲め！飲め！」と、飲みたくないのに強要されるのが嫌だという相談もありました。どうしても参加が嫌な社員が会社を休むことで欠席とするなど、ささやかな抵抗をしていたケースもありました。これらは明らかにパワハラの領域です。

飲み会は気の合う仲間で

普段の飲み会は、気の合う上司、部下、同僚などで飲むのがいいでしょう。相談者の上司も、断られたり、嫌がられたりし続けていれば、いずれ誘わなくなるかもしれません。こうなれば、上司も部下も、お互いに必要以上に気を遣う必要はないでしょう。

いずれにせよ、飲み会にしつこく誘うのはNGです。特に仕事に関連付けて誘うのはよくないです。仕事の話は会社でしましょう。「あの上司と飲みに行きたい！」と思われるようになるのが理想ですね。飲み会では、説教しないことが第一条件です。

ココ大事

プライベートタイムは自由。しつこい誘いは問題あり

35 プログラミング経験がない上司から偉そうに「なぜ遅延する」と言われてくやしい

相談

新卒入社3年目のＳＥです。ＳＥ職の位置づけですが、若手メンバーはプログラミングもします。上司である課長ＳＥは、一度もプログラミング経験がないと自慢げに話します。その経験のない上司に、「なぜプログラミングに遅れが出るのか不思議だ」「設計書通りにつくるだけなので簡単だろう」「遅れは自己責任、誰も手助けはしないぞ」「デートや趣味はやめて、残業と休日出勤は当然だ」と怒られます。対策や指導に至る言葉は全くありません。パワハラを恒常的に受けている気分です。未経験者から何も知らないくせに偉そうに言われてくやしいです。

回答

課長ＳＥの発言は指導ではなく、単なるいじめです。部下から嫌われるタイプで、いつか大きな職場トラブルになるように思います。こんなリーダーには、誰もついていきたくないでしょう。

相談者の会社は、若年層しかプログラミングをしないとのこと。基本的にプログラミングは協力会社への発注なのでしょう。協力会社からも嫌われるタイプです。

一方で、課長ＳＥにプログラミング経験がないのは仕方ありません。会社方針や職場環境、参画してきたプロジェクトの状況によるものだからです。

プログラミング経験や知識は、ないよりはあったほうがいいと思います。この上司は、プログラミング経験がないことを自慢しているようですが、自慢するようなものでもありません。

ＩＴ企業で聞いたパワハラ発言

相談者のケースでは、上司は単に怒るだけで指導の言葉がありません。プレッシャーを部下に与えるだけでパワハラの疑いが濃厚です。

例えば「遅れは自己責任、誰も手助けはしないぞ」の発言では、指導もなく部下を突き放しています。人間関係の切り離しであり、いじめです。

「デートや趣味はやめて、残業と休日出勤は当然だ」という言葉には、健康面の配慮がありません。毎日遅くまでの残業と休日出勤が続いているとすると、過重労働を強いているので問題です。部下の私生活に言及するのも余計な一言です。

ほかのＩＴ企業であったパワハラ発言をいくつか紹介します。

「プロジェクトで業務後に親睦会をする、全員参加なので欠席者は理由を言うこと」

仕事ではないプライベートタイムの飲み会を強制することはできません。理由を聞くなど論外です。

「スケジュールの納期も守れないのか、親にどんな育てられ方をしたのか」

仕事に親は関係ありません。

「有給休暇なんて取れる身分じゃないだろう」

有給休暇は身分で取るものではありません。労働基準法で保護されている権利です。

「（作業が遅いSEに）残業代が増えていいなぁ、生活残業か、皆に還元してほしいよ」

個人による能力差は必ずあります。指導ではなく、これは単なるいじめです。

「あなたの作ったプログラムはバグが多くて、工程が後戻りするので迷惑だ。どこかに行ってくれ、もう何もするな」

どこかに行ってくれと言われても、本人にはどうすることもできません。突き放しの言動であり、疎外（仲間外れ）するいじめです。

上司やプロジェクトリーダーは自らのパワハラ発言を意識していない場合があります。周りの従業員は気づいていて、皆が嫌な気分になっているはずです。

上司は部下を指導するときに言葉を選ばなければなりません。小学生のいじめかと思うようなことが社内でもあります。分別を持った大人として、いじめのような表現や余計な一言を発しないように注意してください。

相談者は、社内のハラスメント相談窓口に申し出てはいかがでしょうか。相談窓口の設置は法令で義務付けられているので社内にあるはずです。

SE職でもプログラミング経験や知識はあったほうがいい

プログラマーとSEやプロジェクトマネジャーでは役割が異なります。プログラミング経験がなくても開発工程を理解していれば、設計やプロジェクト管理はできます。その工程の基本的知識を得ればいいのです。知識は、作業現場の観察や自己啓発で補えます。

それでも、プログラミングの経験はあったほうがいいです。システム開発は要件定義から設計、プログラミング、テストを経て導入に至ります。開発フェーズ全体を理解することで、各フェーズにおいて行き詰まっている部下、あるいは協力会社に対して適切に指導できます。

システム開発ではスケジュールの遅延は当然のように起こります。プログラミングフェーズでの遅延理由は、設計書の間違い、コーディングミス、仕様変更とさまざまです。

遅延原因別に対策を講じなければなりません。

この課長ＳＥには、その部分が抜けています。自分の部下が困っているのです。原因別に一緒に対策を考えてアドバイスする姿勢が必要です。

筆者が勤めていたＩＴ企業でも同じように、プログラミング経験のない同僚がいました。当時、プログラミングは協力会社への発注と若手社員が中心でした（年齢別の人員構成が変わっているので、今は違うのかもしれません）。

筆者は20代のころ、設計のほかに4年間ほどプログラミングもしていました。30代は業務コンサルティングやプロジェクト管理など管理職の仕事が中心となっていきましたが、4年間という短い期間でもプログラミング経験があってよかったと思います。

相談者は、上司である課長ＳＥに、問題に対しどう具体的に対応すればいいのか聞いてください。ただ期待できる応答はないようにも思います。この直属上司ではなく、上位の上司（部長）に相談するほうがいいかもしれません。

ココ大事

指導する言葉は選ぶべき

36 毎年続く職場の「義理チョコ」にうんざりしている

相談

IT企業のスタッフ部門で勤務しています。私の所属する部門では毎年、バレンタインデーの時期に「お金を出し合って皆で部長や課長にチョコレートを渡す」風習がありますが、うんざりしています。今年もお金を払いました。かといって断れば、協調性がないと仲間外れになるのではと考えてしまいます。

回答

相談者だけでなく、他のメンバーも内心では嫌がっているのかもしれません。ホワイトデーの返礼が面倒だといった話も聞きます。

男性側も、皆が喜んでいるようには思えません。義理チョコも個人から、あるいは有志一同からと種類が異なります。ホワイトデーの返礼品は、贈り主や値段を考慮して買うようです。ある知人は、有志一同からもらったものは返礼しないと割り切っているとのことでした。別の知人は、お返しを奥さんに買ってもらっていますが、面倒だと愚痴を言われるそうです。

協調性がないと思うことがストレスに

筆者がＩＴ企業に勤めていた20代のころです。企業独自の配送網があり、封書や荷物を全国の拠点に送れました。バレンタインデーの時期に、「社内便でチョコレートを送付することはやめてください」という通知があったのを思い出しました。社内便を私的利用することになるので、配達する側は迷惑だったようです。その頃は、今より義理チョコを贈る風習が強い時代でした。

義理チョコ（あるいはホワイトデーの返礼品）を贈るか贈らないかは個人判断でいいと思いますが、なるべく他の社員を巻き込まないようにしたほうがいいでしょう。

相談者は、仲間外れになるかもしれないと考えています。協調性がないと思われるのではないかと考えるだけでも、ストレスです。誘う側が、仲間外れだと言われないように（職場にいる女性従業員全員に平等に）声をかけている可能性もあります。結局のところ、お互いに気遣っているだけなのかもしれません。

上司が誘う飲み会も同様です。筆者にはＩＴ業界に勤める管理職の知人がたくさんいます。多くが「部下が嫌がるのではないか」と気遣っていると話しています。

一方、誘われる部下も気遣っています。上司に強制するつもりはなくても、「システム開発が終了したから皆で飲みにいこう」という発言があると、嫌だと思いながら参加する社員がいます。

過去に「断れない雰囲気のプロジェクトリーダーの発言が嫌です」という相談がありました。プロジェクトリーダーが、プロジェクトの打ち上げの飲み会開催に当たり「業務上で都合がつかない場合以外は、参加してください」というメールを送った、その文章表現です。

「嫌なら嫌だと言えばいいのに」という意見も耳にします。ですが、はっきり物おじせずに言える人ばかりではありません。特に上司に対しては、嫌と言えないと思います。

職場のパワハラに6つの分類

厚生労働省は職場のパワハラを6つに分類して注意喚起しています。「身体的な攻撃」「精神的な攻撃」「人間関係からの切り離し」「個の侵害」「過大な要求」や「過小な要求」などの行為です。

身体的な攻撃は「暴力」、精神的な攻撃は「暴言や侮辱」、人間関係からの切り離しは「無視や仲間外れ」、個の侵害は「仕事に関係ないプライベートなことに深入りする」が当たります。過大な要求は「不可能な業務の強制」で、過小な要求は「低レベルの業務の強制」

になります。育成目的で上位の仕事にチャレンジさせることや、多忙な業務の手伝いをさせる場合は構いませんが、嫌がらせの目的ではできません。

もし仮に、相談者が義理チョコの代金を支払わず、渡さないことで仲間外れになったとします。仲間外れは、上述の「人間関係からの切り離し」に該当します。パワハラ行為であり、会社は放置することなく対応しなければなりません。

会社での風習も、時代に応じて変わってきました。年賀状に代表される虚礼廃止が一例です。顧客や取引先でも虚礼を廃止した会社があります。プライベートの年賀状送付をやめた人もたくさんいます。筆者もその１人です。

テレワークでオフィス不在の従業員は増えています。ＩＴ企業であればエンジニアが多く、なおさらテレワーク勤務が普及しており、出社機会が少ないと推察します。義理チョコを渡すという会社での風習も、参加しなくてもなんとも思われない時代かもしれません。相談者は、勇気を出して断ってはいかがでしょうか。

ココ大事

強制ではと感じる慣習や誘いは、パワハラになる可能性あり

37 メンタル不調の休職から回復したが、診断書を提出せずに復職できるのか

相談　メーカー勤務です。メンタル不調で休職していました。しばらく休んだら回復したようです。会社は医師の診断書提出や産業医の面接を求めているのですが、自分は復帰しても問題ないと思っています。大丈夫と言っているのに何度も求めてくるので正直嫌になっています。私の復職はどうなるのでしょうか。

回答　復職しても病状が再発して、また休職に至るケースが多々あります。会社は相談者が完治しているか、もう復職して大丈夫なのかを見極める必要があります。素人判断はできませんので、診断書や産業医の面接結果を経て判断します。

人によっては休職と復職を繰り返す場合があります。完治していないのに、復職したことで以前の状態より悪化することも考えられます。休職が長引けば会社での居場所がなくなるかもしれないという不安から、無理をして復職してくる社員もいるようです。

会社には安全配慮義務がある

会社には安全配慮義務があり、できる限り社員の健康面について気を配らなければなりません。上司や人事部担当者などに、病気に関する専門知識はありません。素人判断はせず、通院している主治医の診断書や産業医の面接を経て復職の判断を行うべきです。

証明がなければ会社も安心して業務を任せることができません。社員は病気が治った、以前のように仕事ができると証明する必要があります。

休職制度は、福利厚生の1つとして会社が任意でつくっている制度です。制度がある場合、利用することに問題はありません。

ただし、休職制度には復職の条件として診断書提出や産業医の面接を要することをルールとして記載しているのが一般的です。社員はそのルールに従う必要があります。安全配慮面から丁寧に社員に説明しても、診断書提出や面接を拒否する場合は、復職を見送るしかありません。

メンタル不調の場合、社員が通院している主治医は精神科の医師だと思います。その専門医の診断書を提出してもらわなければなりません。

次に産業医の面接です。産業医は精神科の医師とは限りません。内科の医師が多いと思います。筆者の顧客には、精神科の医師とも産業医契約をしているケースがあります。

産業医は会社に訪問して、健康指導したり、衛生委員会に出席したりしています。主治医より会社の業務についてよく理解しているのです。業務面からの判断を仰ぐために、産業医の面接を受けてもらうべきです。精神科の専門医が書いた診断書も参考にしながら意見を述べてくれます。

主治医と産業医の見解が違う場合も

筆者の経験では、ときどき主治医と産業医の意見が異なる場合があります。立場が違うので、判断が異なってもおかしくはありません。

主治医は患者（社員）を診察し、生活に支障がないように治療するのが仕事です。一方で産業医は、業務内容と照らしながら以前のように仕事ができるかを考えます。

特に重い症状での休職だった場合は、安全配慮面から業務に耐えられるかという観点で産業医の意見を尊重したほうがいいでしょう。復職判断において、社員本人の同意のうえで主治医の意見を同席して聞くことも有効な手段です。

相談者は、主治医の診断書や産業医の面接結果などを根拠に、自分が復職して大丈夫かどうかを会社が判断していることを理解する必要があります。最終の判断者は会社です。

会社側には、復職できるとなった場合でも「軽い業務から始める」「当面は時短勤務とする」などといった配慮をすることをお勧めします。

ココ大事

安全配慮のため、健康状態の確認は必要

第8章

派遣や請負に関するトラブル

ＩＴ業界は、派遣や請負が多い業種です。大手ＩＴ企業では、プログラミングを下請け会社（協力会社）に発注しがちです。

プロジェクトのスタートには、ＩＴ企業と下請け会社、ＩＴ企業と顧客との間で契約書が必要です。ＩＴ業界の契約書は、ＳＥＳ（システム・エンジニアリング・サービス）契約、準委任契約や業務委託契約などがあり、企業や業務内容によってさまざまです。

どのような契約であれ、契約書には守秘義務が明記されます。下請け会社のエンジニアは、業務上知った情報を漏らしてはいけません。

請負なのに、実態は部下と同じように指揮命令している会社があります。いわゆる偽装請負です。発注元のＩＴ企業や顧客先に常駐しているエンジニアによくあることです。

派遣の場合は、指揮命令していいのですが二重派遣のエンジニアがいることもあります。二重派遣は職業安定法第44条で禁止されています。派遣先となるＩＴ企業側が、二重派遣のＳＥだと知らずに勤務させている可能性はあります。すでに相談者のプロジェクトチーム内にいるかもしれません。

ＩＴ業界は、偽装請負が起こりやすいビジネスモデルです。本章では、守秘義務や偽装請負のほか、請負の発注額やフリーランスで働く1人請負者からのトラブルの相談も取り上げました。次の5つになります。

- インボイス制度が始まるが、登録番号を通知するように言われて不安
- 「何もしない」元請けのシステム開発見積もりが高すぎると感じる
- 発注元企業から叱られたが、下請けＳＥが顧客に単価を話すのは不用意なのか？
- システム開発、請負で４人のＳＥを確保したいが提示された管理費が納得できない
- 契約と異なる企業へ常駐しているが、偽装請負ではないのか？

38　インボイス制度が始まるが、登録番号を通知するように言われて不安

相談

個人事業者としてフリーランスで働いているＳＥです。ＩＴ企業でシステム開発の仕事をしています。プロジェクトリーダーが「インボイス制度の事前準備のため、会社から登録番号（適格請求書発行事業者登録番号）の通知依頼があるようだ。登録番号はあるか」と事前に教えてくれました。免税事業者なので登録番号はありません。

少し、不安です。

回答 ２０２３年10月１日に、「インボイス制度（適格請求書等保存方式）」がスタートします。同制度は、登録番号の記載がある適格請求書によって、仕入れや外注費で支払った消費税額の控除を認めるというものです。システム対応を含めてそのための準備が必要です。

その１つに請求書の様式変更や取引先情報（課税事業者か免税事業者）の管理対応があります。企業は請求書発行システムや会計システムのほか、影響のあるシステムを改修しておかなければなりません。

自ら課税事業者になる選択もある

インボイス制度は法人か個人を問わず、課税事業者であっても、登録番号を申請して取得します。免税事業者には発行されません。免税事業者が登録するには、課税事業者になる必要があります。

登録番号の発行申請は２０２１年10月１日から始まりました。筆者はｅ－Ｔａｘ（国税電子申告・納税システム）で同年10月７日に申請しました。登録が完了したという通知「適格請求書発行事業者の登録通知書」を確認したところ、申請して約3週間で登録されていました。登録が開始された直後で混んでいたと思います。今はもっと早く登録できるのかもしれません。

相談者は仕事をしているＩＴ企業に消費税も合わせて料金を請求しているはずです。課税事業者であるその企業が、登録番号のない免税事業者（相談者）に消費税を支払っても、その仕入れ税額控除ができなくなります。

当然、免税事業者との取引は嫌がるでしょう。運用面においても、事務処理は課税事業者用で統一したいはずです。次の発注はやめようとなるかもしれません。仕事が減っては元も子もありません。先々のことも含め、課税事業者になることを検討してはいかがでしょうか。

相談者は自ら課税事業者になって登録番号を取得できます。ＩＴ企業から通知依頼がくるそうなので、課税事業者になるのか、今のまま免税事業者でいるのかを選択する時期だといえます。課税事業者か免税事業者かの判定は、基準期間の売り上げによります。１０００万円以下の場合、免税事業者に該当します。

「登録番号を教えて」という通知依頼の内容は

適格請求書の発行事業者が法人の場合、登録番号には法人番号が利用されます。法人番号は、商号や名称、所在地から検索することが可能です。

一方、個人事業者に法人番号はありません。個人番号（マイナンバー）を利用するわけにはいきませんので、登録番号は新規に発行されます。これは、個人事業者から通知してもらわないと分かりません。

筆者にも、取引先から郵送で通知依頼が届くようになりました。２つのことが書かれています。１つは、送付元会社の登録番号のお知らせ通知です。もう１つは、相手取引先に対して登録番号を通知してほしい旨の依頼と、通知方法についての記載です。

通知手段をすでにシステム化している企業もあります。指定のＷｅｂサイトにログインして表示される氏名や住所を確認し、登録番号を入力するだけです。手間もかからず簡単でした。

公表サイトで事業者の登録状況を確認できる

国税庁の「適格請求書発行事業者公表サイト」では、誰でも事業者の登録情報を確認できます。入手した登録番号を入力するだけです。

登録番号は「Ｔ１２３４５６７８９０１２３」といった、英文字「Ｔ」と数字13桁で構成されています。公表サイトにはすでにＴの表示があるので、数字13桁を入力することになります。法人の場合、登録番号の数字部分が法人番号と同じです。

公表サイトには「氏名又は名称」「登録年月日」「本店又は主たる事務所の所在地」「最終更新年月日」が表示されます。氏名又は名称は、会社名や個人事業者の氏名です。最終年月日は、事業者情報の登録や更新の日付になります。個人事業者の「主たる屋号や事務所の所在地」の表示有無は選択可能です。

相談者には課税事業者になることをお勧めします。よく考えて、ご判断ください。

ココ大事

企業相手の仕事が主の場合は登録がお勧め

39 「何もしない」元請けのシステム開発見積もりが高すぎると感じる

相談

ユーザー企業の情報システム部門の責任者です。経理や人事業務はパッケージを利用しており、カスタマイズや追加プログラムの開発は大手ＩＴ企業のＡ社に発注しています。実際は、Ａ社の下請けであるＩＴ企業のＢ社が対応します。新たに、サブシステムを追加することになりました。プロジェクト体制図を見るとプロジェクトリーダーはＡ社のマネジャーですが、この人が顔を出すのは、定例会と費用提示のときぐらいです。付き合いの長いＢ社がいるので困ることはありませんが、開発費用の原価構造は分かっており、その点から見ても、丸投げにしてはプロジェクト管理費を含めて全体的に高いと思っています。

回答

筆者の顧問先企業での相談です。相談者はＩＴ企業出身で、費用構造をよく理解しています。なによりＢ社との付き合いが深いので、原価も分かっているわけです。打ち合わせからパッケージのパラメーター設定、追加プログラム開発、導入サポートまで対応しているのはＢ社であり、いわゆる「丸投げ」プロジェクトになります。

Ｂ社とは付き合いも長く、能力も確かだとのことです。Ａ社にとっては、顧客に信頼されている下請けのＢ社に丸投げしておけばいいので、ある意味幸せなプロジェクトだといえます。

サブシステムの追加でＡ社に支払う開発費用を仮に５０００万円だとします。Ｂ社の売り上げは、半分の２５００万円程度のようです。２５００万円の差額すべてが中抜きの利益ではないと思いたいところです。

Ａ社のＳＥは顧客との打ち合わせに参加していません。提案書や見積書・体制図を見たところ、プロジェクト管理やテクニカル支援、内部レビューなどの項目があります。そこに顔の見えないＡ社のＳＥが存在するのかもしれませんが、どこまでの業務を実際に担当しているのか疑わしいところです。

見積もり上の人月工数と期間からフェーズごとの投入人数が推測できます。「開発費用一式○○○○万円」というような提案書や見積書だとしても、概算工数の提示は求めるはずです。投入人数と顔の見えるＳＥとの差が、顔の見えないＳＥの人数です。

費用（＝工数）を納得できるまで説明してもらう

顧客側はシステム刷新のとき、複数のＩＴ企業に提案や見積もりを依頼します。提案書や開発フェーズごとの見積もりからＳＥやプログラマーの単価が分かります。ＳＥの１人月単金は、上級ＳＥが２００万円、ＳＥで１５０万円といったところでしょうか。システム刷新で大規模システムの新規開発では、２００万円を超える単金の場合も多いです。見積もりはＡ社の単金で算出されています。Ｂ社のＳＥやプログラマーの単金との差額が、Ａ社の利益になります。以下では、単金の考え方の是非ではなく、見積もり根拠となる工数の妥当性について述べます。

費用（＝工数）については、納得できるまでＡ社に説明を求めてください。単純な値引き交渉はするが、詳細な説明を求める姿勢がない顧客はなめられます。「あの会社は理解があって何も言わないので、良い会社だ」というような感じです。もちろん、褒め言葉ではありません。

システム開発費用の見積もりは、開発フェーズごとの工数の積み上げです。ＩＴ企業側は、１時間当たりの単価や生産性指標を少し変えるだけで、魔法のように見積額を上下させ調整することができます。提示される顧客側は、工数の算出根拠について念入りに確認すべきです。

ＩＴ企業は、顧客のシステム運用期間が長くなるほど、保守や改造の投資が積み重なり、簡単には他社に乗り換えられないだろうと考えて提案します。同じ内容でも、顧客によって金額が変わることがあるのです。とことん説明を受けて吟味してください。納得できるか否かが大事なポイントですので、不明な点は必ず確認しましょう。

プロジェクト管理費などは具体的に確認する

費用の中に、プロジェクト管理費があります。全体の開発工数に、一律の割合（20%や30%）を乗じて算出しているような見積書や提案書が多いです。Ａ社の提案書にはプロジェクト管理費の内訳がないので、一律割合の金額のはずです。

よく考えれば、一律というのはおかしいです。手作りシステムの５０００万円とパッケージ導入の５０００万円を比べた場合、一般にパッケージ導入のほうが手間はかかりません。仕事の進め方も定型化しています。ドキュメントもそろっているので流用できます。

パッケージ利用か否か、開発規模や難易度、開発フェーズごとの会議体の数や種類、参加人数などでプロジェクト管理の工数は変わります。

プロジェクト管理の内訳を聞くと、答えに窮する営業やＳＥがいます。本人たちも、その根拠が分かっていないのです。確認することで、いい加減な見積もりや提案はできなくなります。相談者は、プロジェクト管理費用の内訳やテクニカル支援とは何を指しているのかなど、Ａ社に具体的な説明を求めてください。

プログラミングのフェーズでは、各社で設定している生産性指標を用いて見積もります。その生産性指標を確認しながら説明を受けてください。パッケージの場合、パラメーターの設定作業があります。ここは純粋なプログラミング言語による開発ではないので、工数について別途確認しておくべきです。

大手ＩＴ企業では、開発や運用保守などをＢ社のような外部のシステム会社によく発注しています。下請け会社がオープンになっていない場合、顧客側のプロジェクトルームや情報システム部門などの社内フロアに、認識していない会社（再委託先）のＳＥが出入りすることになります。入退室のセキュリティー面から、誰がどこの会社のＳＥか、後でトラブルにならないよう、身元を確認しておいてください。

ココ大事

費用については、納得できるまで説明を受ける

40 発注元企業から叱られたが、下請けＳＥが顧客に単価を話すのは不用意なのか？

相談

50人ほどのソフトハウスに勤務する27歳のＳＥです。大手ＩＴ企業の下請けで、顧客先に常駐しています。下請け会社のＳＥだと顧客は知っています。雑談時に「あなたの会社の売り上げは月に70万～80万円ぐらい？」と聞かれ、戸惑いましたが「はい」と答えました。後で発注元のＩＴ企業のリーダーからこっぴどく叱られました。不用意だったのでしょうか。

回答

大手ＩＴ企業が、顧客先に提示しているＳＥ単金が１人月１５０万円だったと仮定しましょう。相談者の下請けでのＳＥ単金が70万～80万円だとすると、この大手ＩＴ企業は半分も利益を取っていることが分かってしまいます。それで叱られたのです。

顧客も通常は口に出しませんが、ＩＴ企業が利益を得ていることは分かっています。顧客側にはＩＴベンダーからの転職者もいるでしょう。付き合いが長い顧客では、おおよその売上金額の構造まで知っていると思います。

筆者は顧客から、大手ＩＴ企業を通さずに直接下請けのソフトハウスと契約したいと愚痴を聞くことがあります。現実にノウハウがあり頼りにしているのはソフトハウスのＳＥで、大手ＩＴ企業のＳＥは、管理作業を担当しているだけだと見抜かれている場合です。特に保守フェーズで下請けのＳＥに任せっきりというときに、よくこう考えるようです。

システム開発では下請け会社のＳＥが多い

大手ＩＴ企業は、普段からシステム開発に下請け会社を利用しています。単価の安い下請け会社を利用するほど利益が出ます。ＳＥ部門で利益を確保した後、営業部門でさらに利益を追加で乗せるので顧客への提示額は大きくなります。

ただ、見積もりやプロジェクト体制図では、実際の作業を担当するのが下請け会社のＳＥだと顧客には分からないようになっています。見積もりは「ＳＥを何人月投入する」という工数と費用であり、ＳＥの身分まで書いていないからです。現実には、誰が下請け会社のＳＥかということは顧客との付き合いの中で分かります。

下請けのＳＥは常駐することで、顧客の社員と仲良くなるものです。保守フェーズも含めて、長く常駐すると仲間意識も生まれるでしょう。顧客の社員と上司部下のような意識を持つ関係になることもあります。

それでも、相談者が答えた売上高に関する情報は、システム開発の裏事情を含めて顧客先で話すべきではありません。顧客側もそういった会話は避けるべきでした。相談者も受け答えに困ったと思いますが、顧客先で余計なことは言わないようにしなければなりません。発注元のIT企業や顧客から口の軽いSEだと思われないようにしてください。

情報漏洩だと言われないように

単価の話ぐらいなら、相談者のように叱られるだけで済むかもしれません。これがシステム開発サイドの内部事情や顧客情報だと大きなトラブルになる可能性があります。

プロジェクトに先立ち、IT企業と下請け会社、IT企業と顧客といった間で契約を交わしています。請負契約、SES契約、準委任契約、業務委託契約など呼称は企業や業務内容によってさまざまです。

この中に秘密保持のことが記載されている、あるいは別途、秘密保持契約や機密保持契約を取り交わしている場合もあります。

システム開発では、顧客の業務を理解しなければなりません。データ内容や処理手順の業務フローなど多くの情報が設計書にまとめられていきます。顧客の実データも参照するでしょう。発注元のIT企業の内部事情も知ることになります。

SEはいろいろな情報を知ることになります。発注する側の企業は、情報漏洩が起こらないように、秘密保持関係を契約に明記して当然なのです。

発注元、下請け会社のSEはともに顧客情報を慎重に取り扱い、外部で余計な話をしないように心がける必要があります。相談者は今後、十分注意してください。

ココ大事 守秘義務があるので余計なことは言わないように

41 システム開発、請負で4人のSEを確保したいが提示された管理費が納得できない

相談 システム開発で、請負のSEを4人確保したくA社に見積もりを依頼しました。あるサブシステムの設計を一式発注する予定です。設計フェーズの期間中、当社に常駐して作業してもらいます。バイネーム（指名）のSEもいて、単価が高いのは承

知のうえです。しかし、さらに管理費として毎月0・5人分の費用が上積みされています。管理や指示は当社で行うので納得できません。

回答

相談者の会社は、指名者を含む担当SE4人に直接、指示命令はできません。A社の責任者から指示してもらう必要があります。「直接指示するので管理は不要だ」というのであれば派遣契約にしなければなりません。

相談者の会社も、顧客にプロジェクト管理費を請求していませんか？A社に対しても一定の管理費用は譲歩してください。A社からすると、工数見積もりなので、少しでも積み上げたいところです。管理工数の多寡は、よく話し合って納得するようにしましょう。

管理費用の根拠を聞く

システムを導入する顧客側から、プロジェクト管理費用の中身がよく分からないという話を耳にすることがあります。

管理費用の見積もりで、単純に開発工数に一定率をかけて費用を算出している会社があります。例示として金額ベースで説明します。開発費用が1億円だとすると、例えば20%をかけてプロジェクト管理費を2000万円としているような見積もりや提案書です。

開発規模や難易度、開発フェーズや会議体の数などで管理工数は変わるはずですが、いまだに一定率で見積もっているベンダー（システム会社）が多いように思います。

内訳や根拠が明確なベンダーのほうが信頼できます。顧客側は、相見積もりでベンダーを比較するときによく見てください。筆者は、管理費用の内訳や根拠を聞くようにアドバイスしています。

請負契約にする企業が多い

テクニカル支援や運用保守を除いて、システム開発は請負契約にする企業が多いです。理由はリスクの低減でしょう。システム開発では、設計書やプログラムに必ずと言っていいほどバグ（不具合）があります。

請負契約の場合、バグがあれば修正して完成形を納品しなさいと言えます。請負契約書にはバグを修正する責任期間が明示されているはずです。興味があれば確認してみてください。

バグが発生する原因は、一方的に開発側にあるとは限りません。顧客との間の急な仕様変更やボタンの掛け違いによる認識の相違など、どちらにも原因があることが多いです。通常、話し合いで費用負担を調整します。

請負契約では、Ａ社のメンバーに直接命令することはできませんので、Ａ社の責任者を介して仕事を進めていく必要があります。

請負は、指揮命令を受けることなく製品を完成させて納品するものです。製品とは設計書やプログラム、その他のドキュメントなどの納品物のことです。相談のケースのように、直接指示してＡ社のメンバーを使いたいのであれば派遣契約になります。

偽装請負に注意、座席配置にも考慮を

請負契約なのに、そのメンバーに直接業務命令を行うと、偽装請負になります。偽装請負はニュースなどでよく耳にする言葉です。労働基準監督署の調査で指摘されることもあります。

偽装請負と言われないためには、発注元と請負側の責任者を明確にして、責任者を介して業務を行っていく必要があります。派遣社員のように直接指示ができないからです。自社の社員と同じように仕事を指図することは避けましょう。

そして、請負会社の独立性を考慮する必要があります。例えば、このケースのようにＡ社の４人が相談者の会社で作業する際、自社の社員の座席エリアにばらばらに交じり一体的な配置で仕事をしていると独立性を疑われます。

自社の社員に交じった座席配置は避けるべきです。作業しやすい、会話が楽だといった事情は関係ありません。請負社員用のワークルームを確保してください。物理的に無理な場合は、自社の社員と明確に座席を区分（ゾーニング管理）してください。

相談者は、A社の管理費用について一定の譲歩をしてください。偽装請負の疑いをかけられないように注意しなくてはいけません。

ココ大事　請負と派遣の違いを理解する

42 契約と異なる企業へ常駐しているが、偽装請負ではないのか？

相談

情報システムの開発・運用保守を手掛ける会社に契約社員として入社しました。契約書には本社勤務と記載されていたのに、実際は顧客先に常駐しています。し

かも顧客から直接指示を受けています。上司に約束が違うと進言しましたが聞き入れてくれません。契約違反や偽装請負ではないのでしょうか。

回答

このケースは大きく2つの問題があります。1つは契約書に勤務場所が限定的に記載されていたにもかかわらず、実態がそれと異なる点です。もう1つは顧客からの直接指示を受けている点です。前者は契約違反、後者は偽装請負に当たる可能性があります。

労働契約書には勤務場所や業務内容が記載されます。実際に働き始めて採用時に聞いた条件と違うとトラブルになりかねません。

例えば「顧客先での作業あり」と契約書に明記されていればOKですが、無い場合は本人の了解を得なければなりません。特に勤務場所が遠くなるほど、不満に感じる人が増えるでしょう。この場合、勤務場所が変わる可能性を最初に伝えていない会社が悪いことになります。

偽装請負が疑われるSES契約

一方、相談者のケースは偽装請負にもなりかねません。IT企業のサービスの1つに、

ＳＥを企業などに常駐させる「ＳＥＳ」があります。ＳＥＳ契約は、主にシステム開発後のテストや、本番稼働後の運用業務に見られる契約形態です。準委任契約や業務委託契約などとはどこが違うのでしょうか。

ＳＥＳ契約の常駐ＳＥはアプリなどの成果物を納めるのではなく、スキルや能力という「労働力」を提供します。ＳＥＳ契約の実態は準委任契約であり、顧客が直接指示を出すことはできません。

これに対して成果物を納めて完成責任を負う契約が請負契約です。請負契約も作業場所を顧客先とするケースがありますが、この場合も顧客は直接指示を出せません。顧客企業に常駐する場合も、別室を用意するなどして、ＳＥが所属する企業の責任者の下で作業を進める必要があります。

相談者のケースがＳＥＳ契約なのか、請負契約なのかは分かりませんが、派遣契約でなければ問題が生じるでしょう。ＳＥＳ契約や請負契約の場合、いずれも常駐先の顧客が指示を出せません。指示しているのであれば、偽装請負や派遣法違反が疑われます。

プロジェクト解散後の常駐に注意

よくあるのは、開発が終了して多くのプロジェクトメンバーが自社に引き揚げても、一部のメンバーが常駐ＳＥとして顧客先に残って仕事を続けるケースです。所属企業の責任者がいない中で、顧客に直接指示されてバグ対応や雑務を進めるものです。

ここに偽装請負や派遣法違反の可能性が出てきます。常駐先の顧客が直接指示するなら、派遣契約でなければなりません。ＳＥＳ契約や請負契約はＮＧです。責任者も常駐するか、頻繁に顔を出すなどして連絡を取り合わなければなりません。

当然ですが、常駐ＳＥの過重労働の監視や残業命令といった労働時間管理も、所属企業の責任者が担当する必要があります。相談のケースでは、勤務場所や客先指示による勤務形態に問題がありそうです。契約違反や偽装請負といったコンプライアンス違反の疑いがあるので、それらを踏まえて交渉に臨んでください。

ココ大事

労働契約の違反と偽装請負の可能性あり

第9章

システムトラブル関連

ＩＴ企業に勤めるエンジニアに、システムトラブルはつきものです。システム開発では、常に不具合が発生するリスクがあります。軽微な不具合から、会社全体の問題になるような大きなシステムトラブルまであります。社長自ら謝罪訪問することもあるのです。

大きなシステムトラブルの渦中にいるエンジニアは過重労働となります。プロジェクトメンバーは休日出勤が多くなりストレスをかかえながらの対応を余儀なくされます。

プロジェクトがスタートしてから開発費用が膨れることもよくあります。顧客から罵倒されてストレスがたまっているエンジニアもいます。システム障害で有給休暇中なのに会社に呼び出された、炎上プロジェクトの応援エンジニアの評価が高くて不満だというエンジニアもいるでしょう。これ以外に、思わぬトラブルに巻き込まれることもあります。

上述してきた労務問題のカテゴリーと重複する部分もありますが、その原因がシステムトラブルだという相談をとりあげました。次の５つです。

・「見積もりと開発費用が違う」と怒る顧客との打ち合わせが憂鬱でたまらない
・システム障害やプロジェクト遅延で高ストレス、状態を会社に知らせるべきか
・在宅勤務中にネットが不通に、出社しないと勤務扱いにならないのか？
・システム障害で有給休暇中に呼び出し、勤務時間は「後日の残業代に」の指示は正しい？

・炎上プロジェクトを管理職として対応中だが、応援ＳＥのほうが高い賞与額で不満

43 「見積もりと開発費用が違う」と怒る顧客との打ち合わせが憂鬱でたまらない

相談

民間企業のシステム開発を手掛けるエンジニアです。体制上はサブリーダーですが、実質的なリーダーとしてこのプロジェクトを任されています。受注提案時の概算費用と、企画フェーズ終了後に再提出した費用に大きな差が生じたことで、顧客を怒らせてしまいました。説明しても「システム開発のプロだったら、差分となる機能は当然要求されるものだと分かっていたはずだ」と取り合ってもらえません。妥協点を探る打ち合わせは重い雰囲気でつらいです。システム開発とはそういうものだと割り切るべきかと思うのですが、とても憂鬱です。

回答

開発費用が膨れることは、よくある話です。結果的に概算費用の2倍に膨れたというような悲鳴を、顧客側から耳にすることがあります。金額の差が大きいほど調整の難度は高まります。つらいかもしれませんが、何度も打ち合わせして両社が妥協する条件を詰めるしかありません。

社内でも議論が多いシステム開発の見積もり

完成品の売買ではこのような問題は起こりません。車やバイクを例に取ると、まず商談で見積書をもらいます。ナビゲーションやＥＴＣ車載器、ドライブレコーダーといったオプションを付けた見積書も作ってもらうと比較検討しやすいです。オプションが不要な場合はその価格分が減るので、総計は一目瞭然です。見積書よりも実際の購入価格が高くなることは通常ありません。以上が見積書に対する一般的なイメージでしょう。

一方で、システム開発が主体の場合、概算費用の見積もりは難しいです。受注活動中の提案業務は、顧客から費用をもらわないので社内費用の対応になります。要件確認まで多大な時間をかけられない状況の中、顧客からは見積もり精度の高いアウトプットを求められます。

どうやって見積もりを作成するのかというと、顧客から提示されるＲＦＰ（提案依頼書）

を基にします。ＲＦＰには読み手のエンジニアによって認識が異なるような機能条件があります。ほかにも、顧客側が常識だと捉えて当然システム化されるものだというものは、書かれていないことがよくあります。なかには「なんちゃってＲＦＰ」といったレベルのものもあるようです。これらが見積もりリスクになります。

顧客の予算を探りながら、営業部門とエンジニアで提案作業を進めているのではないでしょうか。ＩＴ会社は各社各様の経験値を基に、見積もりの効率化を図る工夫をしているのだと思います。

概算費用の見積もりにリスクがあることをエンジニアは分かっています。そのためのリスク金額を積んでおきたいという慎重なエンジニアと、競合他社にコスト優位の安値で受注したい営業部門の間で喧々囂々《けんけんごうごう》のやり取りになることがあります。

多くの場合、受注したいという思いから、システム開発範囲や機能を制約する前提条件を付けて提案します。開発要件の追加がある想定で、見積金額が変動する可能性がある旨のただし書きを添えます。詳細の企画や要件定義フェーズ後に、より精度の高い費用を提示するということです。

「見積もり」や「費用」ではなく参考価格として提示

筆者も仕事柄、顧客向けに提案書を作成します。社会保険手続きのアウトソーシング提案の費用見積もりです。エンジニアの受注提案活動と似ています。

実際のところは、顧客にヒアリングしてみないと分かりません。1000人規模の企業を想定します。正社員中心の会社とパートやアルバイトが多い会社では、運用工数が全く違います。入社と退社が多いほど、手続き数が増えるからです。高年齢の就業者数が多い場合は、高年齢雇用継続給付金の申請が多くなります。

企業側で使用する人事情報や給与計算システムのデータ理解も必要です。人事情報や給与計算データを連係するからです。そのデータ連係では、桁数やコード設計の調査が必要です。当方側で使用するシステムのコード定義との差分を洗い出す必要があります。例えば、社員番号や住所の桁数、あるいは支給区分（例、月給者：1／時給者：2）や性別コード（例、男：1／女：2）といったものです。

コードの違いは必ずあります。社会保険手続きに必要なデータ項目が足りないこともあります。連係するデータを企業側で加工してもらえるのか、受け取ったデータを当方側で加工するのかによって運用工数が変わります。

概算費用を出してほしいと望む顧客に向けた提案書には「見積もり」や「費用」という言葉は使いません。顧客事例を基に、従業員数（正社員数／パート社員数／高年齢社員数）から類型し「事例別・参考価格」として複数パターンで表記しています。ＩＴ企業のシステム開発費用に比べると安い月額費用です。

ＩＴ企業におけるシステム開発の総費用は、千万円や億円の単位となる大きな金額が珍しくありません。当初の概算費用との差異は大きくなれば調整の難度が高く、トラブルになりやすいのは当然です。

受注提案段階の開発費用は不透明なので、事例として参考価格で提示するほうがいいと思います。確定するイメージを持つ「開発見積もり」や「費用」という単語は、開発側が参画した企画フェーズや要件定義後に使ってはいかがでしょうか。初めに顧客から提示されたＲＦＰから想定したシステム実現範囲や要件とのギャップが見えてきているはずです。

エンジニアは契約書の内容を理解すべき

民間企業が顧客の場合、フェーズごとの契約にしているＩＴ企業は多いのではないでしょうか。相談者の対象プロジェクトは民需系システムとのこと。企画フェーズでいったん終了し、次のフェーズでは別途契約するのだと思います。協議しても合意できない最悪のケースに、その時点でプロジェクト終了という選択が可能な契約書になっていると推測します。

契約書にはさまざまな決まり事が書かれています。書面でなくても関係者なら周知される内容は納期や納品物でしょう。検収と売り上げに関わるので当然です。開発に関わる契約には請負契約や準委任契約、派遣契約などがあり、契約内容に加え、システム開発、コンサルティング、テクニカル支援といった態様ごとに成果物や報告書といった納品物は異なります。

納期や納品物関係のほか、開発システムの範囲や目的、契約書内で使う用語の説明、顧客との役割分担、委託条件（再委託の有無など）、仕様変更における協議や承認手段などがあります。入手資料や個人情報といった機密情報の取り扱い、知的財産権、契約の解除、損害賠償、その他個別の事柄もあります。

契約書は営業部門がひな型を流用して作成しその後、法務部門がチェックしているのでしょうか。会社ごとに契約書のひな型があります。ひな型となる契約書に、何が書かれているのかをエンジニアは理解しておくべきです。読み込むことでポイントを暗記できるレベルになります。法的な専門用語も交ざっていますが、そのうち理解できます。

エンジニアが作成する場合もあるでしょう。筆者の経験では、契約書を見たことがないというエンジニアが意外に多いことに驚きます。ＩＴ企業は若手エンジニアのころから契約書の記載事項について、社内研修に採り入れるなどして学ぶ機会を与えたほうがいいです。
相談者は責任を強く感じているようです。一人で背負い込まずに、営業も含め受注に関わったメンバー全員で考えましょう。プロジェクトリーダーや統括責任者を利用してください。

ココ大事

要件が膨れることはよくある。
見積もりの前提条件は明確にしておく

44 システム障害やプロジェクト遅延で高ストレス、状態を会社に知らせるべきか

相談

38歳のSEです。ストレスチェックを受けたところ、産業医の先生から「結果を会社に知らせてはどうか」とのアドバイスがありました。仕事のストレスがた

まっているようです。本番を迎えた顧客のシステムトラブルや、現在対応しているプロジェクト開発が遅れ気味で、長時間残業が続いていました。会社に知らせるに当たって、先生は、意見も添えてくれるとのこと。会社に自分の状態を知っておいてもらうのがいいのか、悩んでいます。

回答

システム開発を行うＩＴエンジニアは、残業が多いです。プロジェクト終了で本番稼働しても、システム不具合による対応があります。保守と現在進行中の開発作業を併せて、長時間残業が続いた経験のある社員は多いでしょう。ストレスがたまりやすい職種かもしれません。

ストレスチェックの結果は、本人の同意がなければ会社が知ることはできません。会社は結果を確認できないのです。そのため、ストレスチェックの結果分析も産業医や外部機関に任せています。例えば事業部や部門別での集計分析などです。

相談者のケースは、２つのパターンが考えられます。１つめは、長時間残業続きによる健康配慮面で行う、産業医との面談です。そのときにストレスチェックの結果を伝え相談したことで、産業医のアドバイスがあったとすると、会社へのストレスチェックの結果提供に同意していない状態です。

2つめは、高ストレスによる面談指導の対象者になり、判定結果から本人が希望して産業医と面談を行っているときです。この場合は、面談の申し出とストレスチェック結果の提供に同意していることになります。「すでに」結果提供に同意していることに注意してください。

「結果を会社に知らせてはどうか」という産業医の発言から、1つめに相当するケースだと考えられます。

自分から言わないと会社は知ることができない

いずれにせよ、ストレスチェック結果を確認してほしいと本人が言って初めて会社側に伝わるという点について、筆者は、この制度に矛盾を感じます。会社がストレスチェックの結果を確認できないので、社員の健康面の配慮ができないという話を聞くことがあります。

相談者は、会社が結果を知ることで、自身に不利益を与える恐れがあるのではと危惧されたのでしょうか。ストレスチェックの結果で不利益になることはありません。本人の同意も得ずに、結果を知るような常識的感覚が欠如したブラック企業ではあるのかもしれませんが、筆者が知る限りでは聞いたことはありません。

ストレスチェックの運用については、社会全体がちょっと神経質になりすぎていると筆者は思います。一方で、健康診断の結果は、会社が確認できます。産業医の意見を参考にして、体調が芳しくない社員について残業削減など会社が自発的に対処できます。

健康診断は昔からあるもので、昭和か平成かといった法令成立の時代の差かもしれません。筆者は、ストレスチェックより健康診断の結果を見られるほうが嫌だと思いますが、いかがでしょうか。

仕事だけでなくプライベートも含めて誰もがストレスを抱えていると思います。ストレスがあることを気にする必要はありません。

産業医が「会社側にストレスチェックの結果を知っておいてもらっては」とアドバイスしたのなら、この際、会社に自らの状態を知っておいてもらったほうがいいでしょう。産業医の勧めがなくとも自発的に進言してかまいません。

ストレスチェックと健康診断の違い

ストレスチェックは、会社が社員に受検を強制できません。会社は社員のことを考えて勧めるべきですが、嫌がる社員を強制的に受けさせることはできないのです。

社員はストレスチェックの受検義務はありませんが、積極的に参加したほうがいいです。

自分のストレス状況を知るいい機会です。

一方、健康診断は受診しなければなりません。会社は受けさせる義務、社員は受ける義務があります。

健康診断の結果で、要所見の社員は、労働安全衛生法により産業医の意見を聴かなければなりません（単に「聞く」ではなく、耳を傾けてという意味で「聴く」とする条文表現です）。会社は産業医の意見を考慮して、社員の健康面を配慮する必要があります。例えば、残業や休日出勤、出張の制限などです。

労働基準監督署の調査で、健康診断結果の管理について聞かれることがあります。筆者が立ち会ってきた調査でも、産業医の意見記入について確認するケースがいくつもありました。

相談者は、いろいろ気にせずに結果を知ってもらったほうがいいでしょう。本人の同意がなければ会社はストレスチェックの結果を知ることはできません。ご自身が同意しなければ、高ストレスだという状況は変わらないままです。

ココ大事

ITエンジニアは残業が多くストレスがたまるもの。会社に知っておいてもらったほうがいい

45 在宅勤務中にネットが不通に、出社しないと勤務扱いにならないのか？

相談

ＳＥです。先日、在宅でのテレワークの当日朝にネットが不通になりました。対処しても全然だめで、ずっと仕事ができませんでした。午後2時すぎに上司から連絡があり「出社しなさい、出てこないと勤務扱いにしない」と言われました。出社してもすぐに退社時刻になってしまいます。こういった場合、出社しないと勤務扱いにならないのでしょうか。後日、自宅のＷｉ－Ｆｉルーターを交換してから、トラブルは発生していません。

回答

相談者はスマートフォンによるテザリングも考えたようです。ただ、個人スマホでテザリングしたことはなく、テザリングの利用料金や通信料金がかかるので使わなかったとのことでした。会社貸与のスマホがあればよかったのにと思います。

筆者が上司だったら、もう遅いので、時間的考慮から「今日中にネットトラブルが解消しなければ明日は出社して」と言います。ここは、上司の判断によります。

ネットにつながらない時間も労働時間

会社にいても、ネットワークやサーバーのトラブルで仕事ができず、空き時間が発生することがあります。当然ですが、その時間帯も労働時間です。

筆者の事務所でも、一度だけ通信事業者の回線トラブルでネットワークを利用できない時間帯がありました。以後、念のためにコンセントに挿すだけで稼働するＷｉ－Ｆｉルーターも別途設置しました。これはネットワークトラブルがあったときの予備機器ですが、回線を切り替えられるので安心感を得ています。

自宅では、２系列のネットワークまで考慮することはないでしょう。相談者に落ち度はありません。ネットワークトラブルで仕事ができなかった時間も、会社にいるときと同じです。ネットワークトラブルの原因調査や回復に至るまでの待機時間は、労働時間になります。

「出社しないと勤務扱いにならないのか」という相談への回答です。上述したようにトラブル調査や回復に要していた時間は勤務扱いになります。

ただし、出社指示には従う必要があることも理解してください。相談のケースでは、上司の出社指示により会社に向かう必要があります。勤務ルールは就業規則（テレワーク規程）に書かれているはずです。通常「テレワーク期間中でも、要請があれば出社しなければならない」といった条文があると思います。

午後2時すぎに受けた指示なので、着替えや身だしなみを整えてから出社すると、到着時刻はさらに遅くなります。すぐに定時退社時刻になるので意味がないのではという相談者の主張は理解できますが、それでも、上司の指示に従う必要があります。

トラブルの連絡と出社判断は早めに

相談者は、ネットワークトラブルが解決できないと判断した時点で、会社に向かえばよかったと考えられます。

相談では、上司にネットワークトラブルを報告した時間が不明です。報告が遅かった場合、相談者にも至らない点があります。一方、午前の早い時間に報告していたとすると、上司の判断は遅すぎます。上司は午前中に出社要請をすべきでした。

日ごろ、SEは顧客のシステムで起こるトラブル対応をしているはずです。レスポンスが遅いと相手からクレームが入るので、トラブル対応の判断には慣れているはずです。上司も相談者も、早い段階での判断が必要でした。

部下を出社させても、仕事をする時間がないのであれば「今日はもう来なくていいよ」

と言う上司もいるでしょう。相談者の上司は、単純に時間を見誤っていたのかもしれません。過去同様のケースで出社させた社員がいて平等に扱った、あるいは、何か相談者に頼みたい仕事があったとも考えられます。

相談者は、今後同じようなことがあったときは、速やかに上司と相談してください。相談者自身も、自ら出社に切り替えるなど早めの判断が必要です。

ココ大事　**上司の出社命令には従う必要あり**

46　システム障害で有給休暇中に呼び出し、勤務時間は「後日の残業代に」の指示は正しい？

相談

顧客システムの開発と保守・運用を行っています。顧客先でシステムトラブルがあり担当ＳＥが現場に入っていました。私は有給休暇中でしたが、上司から支援を求める電話があり、その顧客先に行きました。到着時にはすでに原因と対応方法は判明していました。現場にいたのは3時間です。後でマネジャーから「あなたは有給休暇中なので、別の日に残業で3時間分を追加しておくように」と言われましたが、事実と異なるので、マネジャーの指示はおかしいと思います。

回答

相談者が指摘している通りです。マネジャーの指示は間違っています。これは勤怠記録の改ざんになります。

有給休暇中の呼び出しは原則できない

有給休暇の取得日は社員の労働を免除している日なので、原則呼び出すことはできません。有給休暇中の呼び出しには本人の同意が必要です。

昔と違って、誰もがスマートフォンを持っている今、連絡は取りやすい状況です。それでも上司がむやみに有給休暇中の部下に連絡するのはいただけません。旅行やデートのときなど、上司の電話で嫌な気分になることもあります。後で着信に気づいて憂鬱になる人もいるでしょう。

有給休暇は1日（24時間）休むことで取得したことになります。その日はプライベートタイムとして過ごす必要があります。相談者は呼び出されて3時間の勤務をしています。出勤日となるので、有給休暇を取得したことになりません。

マネジャーは、相談者の申請済みの有給休暇を取り消して、出勤日としなければなりません。別の日に勤務時間（3時間）を振り替えればいいという単純な発想だったのかもしれませんが、それは安易で間違った判断です。絶対に改ざんしてはなりません。

相談のケースでは他のＳＥが原因調査を終えています。相談者の支援はなくとも他のＳＥで対応できるスキルがあったということです。システムトラブルなのでマネジャーは慌ててしまったのかもしれません。

日本では、休日や有給休暇中でも部下に電話する上司が多いのではないでしょうか。上司やマネジャー、プロジェクトリーダーは、休日や有給休暇というものをもっと大事に考えてほしいと思います。欧州勤務をしていた知人のＩＴエンジニアから、日本と違って有給休暇はすごく大事にされている、それが普通だと聞きました。

顧客からの電話があると、大した問題でなくても、休日中の部下に連絡を取る上司がいます。重大なシステムトラブルで応援が絶対必要というケースは別ですが、上司、顧客ともに、有給休暇中の部下は対応できなくても仕方がないといった割り切りが必要だと思います。

通常の勤務時間に満たない3時間の扱いは

相談者は、顧客先に出向いた日に3時間だけ勤務しました。通常勤務が1日8時間だった場合、5時間不足します。

この5時間が発生したのは、本人（相談者）の責任ではありません。マネジャー（会社）の指示によるもので、会社に責任があります。会社の責任で5時間休ませたことになります。こういった場合、休業手当が必要です。丸1日休ませたときだけでなく、数時間でも休ませたら必要になるのです。少しでも勤務時間があるときは、その支給分は減算します。

労働基準法第26条に「使用者の責に帰すべき事由による休業の場合においては、使用者は、休業期間中当該労働者に、その平均賃金の100分の60以上の手当を支払わなければならない」とあります。平均賃金は「直近3カ月間の賃金総額÷直近3カ月間の総暦日数」で計算します。労働日数ではなく総暦日数で割るので、思っている額より少なく感じます。

具体的な例で説明します。相談者は3時間の勤務があり、その支給はあります。会社は3時間分の支給金額を含めて、平均賃金の60%以上を支払わなければなりません。

相談者の平均賃金が1万円だったとします。その60%は6000円です。相談者の3時間勤務における支給額が5000円だとします。6000円との差額（1000円）を会社が追加支給しなければなりません。会社の要請により相談者が丸1日休んだ場合は、6000円もらえることになります。

時間単位の有給休暇制度があれば、本人の同意を得て5時間分の有給休暇を取ってもらうことで対応しても構いません。半日休暇の場合は、半日分の時間を勤務してもらうことで対応できます。

相談者は会社指示での休日出勤なので、短時間でもフル勤務したとみなしてほしいと思います。これが一番分かりやすいです。

相談者は、上司の指示だったとしても勤怠記録を改ざんしてはいけません。会社が改ざんの事実を知ると、上司も相談者も叱られます。叱らない会社があれば、それはブラック企業です。ありのままを申告してください

ココ大事

勤怠記録の改ざんであり、大問題

47 炎上プロジェクトを管理職として対応中だが、応援SEのほうが高い賞与額で不満

相談

中間管理職のSEです。所属部門のプロジェクトの1つが、スケジュール遅延とシステム不具合だらけです。部長の要請で対応中ですが、交通整理だけでも大変です。プロジェクトリーダーの負担を軽くするために火消し要員として他部門のSEも投入されました。うち1人は同期入社の友人です。この友人と私が、不具合原因の切り分けやプログラミング会社への指示、スケジュール管理をしています。デバッグも行い貢献しましたが、冬の賞与額は友人SEのほうが上でした。応援要員のほうが評価されやすい気がして不満です。

回答

通常、賞与は会社の業績を考慮して支給されます。もうかっていると増え、経営不振のときは減ります。

一口に会社と言っても、もうかっている事業部とそうでない事業部があります。会社から見たトータル賞与額は同じでも、もうかっている事業部への配分を多く、赤字事業部へ

の配分を少なくするといった形で調整することがあります。

管理職になると、組織的な事情によって賞与額が上がったり下がったりするものです。相談者は中間管理職だとのこと。所属部門や事業部の予算達成状況は把握しているはずですので、確認してください。

相談者は、同期や同じ役職のエンジニアと賞与を比べたいのであれば、同一組織内で比較するのが妥当です。もしかすると、相談者の賞与額は同一組織内では高いほうなのかもしれません。

名指しで投入されるSEのトラブル対応は目立つ

個人的な評価においては、火消し役で投入されたSEの評価は高くなるのでしょうか？一概には言えませんが、高い評価となる傾向があるようです。大規模な炎上プロジェクトの火消し役になると、目立つのでなおさらです。

売り上げがそれぞれ2億円であるプロジェクトAとBがあったとします。プロジェクトAの進捗は順調です。

Bは炎上中で、協力会社や他部門からの応援要員を多数投入しています。長引けば長引くほど、赤字がどんどん拡大するプロジェクトです。こうなると、プロジェクトBの軌道修正を行ったほうが、どうしても目立ちます。事業本部や事業部会議で、毎回の報告事案となっているからです。皆から注目されているので、当然なのかもしれません。

火消しのキーパーソンとして名指しで投入されるＳＥは、もともと優秀なので評価は高いはずです。火消し役で、さらに高評価を得ることになります。一方、人海戦術で投入される大勢の応援ＳＥの1人にすぎない場合は目立ちません。

炎上プロジェクトもいつかは収束します。その功を担ったＳＥだとして評価されやすいのは事実です。本来、そのＳＥには無関係のプロジェクトなので、投入されて気の毒だという評価者の計らいもあると思います。

相談のケースと同じような炎上プロジェクトは、どこのＩＴ企業にもあります。昔話ですが、応援側のＳＥに「つらくないですか」と聞いたことがあります。「一番つらいのは、このプロジェクトのリーダーや開発メンバーです。自分に責任がないプロジェクトなので気は楽ですよ。現メンバーたちは、頭が回っていないので助けてあげないと」と答えていました。それでも、つらいだろうなと内心思ったものです。

相対評価で起こるヒューマンエラー

タクシードライバーや販売員のように、売り上げ＝業績や実力として評価できるのであれば、評価は一目瞭然で、誰から見ても平等です。これに対して、前提となる明確な目標設定ができていないことが多いＩＴエンジニアの場合、相対的な評価になりがちです。

相対評価では、人による評価エラーが起こり得ます。いくつか代表的なエラーを紹介します。

まず、直近に起こった出来事を優先して評価してしまうエラーがあります。記憶に新しいので、そうなってしまうのかもしれません。例えば、3カ月前に大きなミスがあっても、直前の月に別の仕事で成功すると、過去の失敗を忘れて成功した別の仕事で評価するといったものです。

上述したプロジェクトでは、人事評価の時期と、プロジェクトBの火消し対応が重なったときは特に評価されやすくなります。

ハロー効果という評価エラーもあります。ハロー効果は、いったん優秀なエンジニアだと認識されると、その後の評価もずっと良いというものです。いわゆる思い込みです。その逆も同じです。

評価者の性格の違いによって不平等になるエラーも起こります。

例えば中央化傾向になる評価エラーがそうで、評価尺度の中央、つまり部下の評価にメリハリを付けずに「普通」を付けてしまう癖のある上司に発生するエラーです。優秀なエンジニアにとっては、不利益な上司になります。一方で、メリハリを付けすぎる評価者もいます。

相対評価では、評価者の違いによる損得感はどうしても発生します。評価エラーがあるので当然です。役職者になるほど、自分のやり方が正しいと考えているので厄介です。企業には、評価エラーが起こらないように評価者を再教育してほしいと思います。

ココ大事

評価にはヒューマンエラーが起こりがち

第10章

退職や転職に関するトラブル

理不尽なことが多くて会社が嫌になって退職する、将来のことを考え新天地を求めて退職するなど、人によって退職理由はさまざまです。会社から退職勧奨されてやめる人もいます。

計画的な自己都合退職では、転職先を決めてから会社をやめる人も多いでしょう。60歳が定年退職の会社では、退職後に再雇用で65歳まで働ける環境になっています。65歳までの雇用義務が高年齢雇用安定法で定められているからです。

退職の中でも、会社、上司への不満や退職勧奨によるものはトラブルが多いです。退職したいが、その退職手続きの出社時ですら上司の顔を見たくないという方もいます。

転職の多いIT企業は退職も多いものです。他の業界と同様に再雇用者の需要が高まる一方で、業績不振に陥ればリストラも考えなければなりません。

転職や再雇用によくあるトラブルの相談を取り上げました。次の5つになります。

- 「取引会社間での勧誘は禁止だ、業界ルール違反だ」という上司に納得できない
- 若手SEがLINEで退職届、常識か非常識か
- 一度提出した退職の撤回を求めるクレーマー社員を辞めさせることはできるか
- 定年退職か再雇用で働くか、IT企業の管理職はどちらを選ぶべきか

・定年後再雇用で以前と同じように仕事をする権利はないのか

48 「取引会社間での勧誘は禁止だ、業界ルール違反だ」という上司に納得できない

相談　常駐先の大手IT企業に転職したく中途採用で応募するつもりです。常駐先でお世話になっている正社員の方々の意見も聞きました。いずれは自社の上司に分かることなので、事前に報告しました。ところが上司は憤慨し常駐先にクレームを入れるとまで言われました。納得できません。

回答　常駐先となるＩＴ企業やユーザーの情報システム部門への転職を筆者は多数見てきました。転職により退職する社員側の会社（上司）が憤慨するのはよくある話です。

上司の言うことは気にする必要はありません。どこに勤めるかは本人の自由であって制

限できないのです。業界ルールといった明確なものは存在せず、上司判断による常識的感覚からの発言でしょう。

会社間で勧誘禁止となっていても関係ない

ＩＴ業界ではシステム開発や保守サービスなどで、自社のＳＥが発注元のＩＴ企業やユーザー部門に常駐することが多々あります。こうした仕事をするときに、まず会社間でＳＥＳ契約や出向契約、派遣基本契約などを交わします。これらにより、自社ではなく常駐先で勤務することになります。

優秀なＳＥなら常駐先で認められ、そのまま転職といった構図はあり得ることです。とはいえ自社にとって優秀なＳＥの流出を防ぎたいと思うのは当然です。そこで自社と常駐先企業で交わす契約に勧誘や引き抜きを禁止する条項を入れることがあります。こうすることで、少しでも転職（人材流出）にブレーキをかけようというのです。しかし、あくまで会社間の取り決めであって本人には関係ありません。本人が自らの意思で応募するのは自由です。

きっかけが勧誘であったとしても、最後に決めるのは社員自身です。現実的には本人が採用に応募したり、本人から転職したいという相談や申し出があったりするということでしょう。

転職がさらに増える状況に

常駐先への転職は、自社より常駐先のほうに魅力があると感じるからこそ起こる現象です。常駐先への転職に限らず、今後は人材の流動（転職）が活性化するでしょう。

なぜなら、ジョブ型雇用の導入や同一労働同一賃金（大企業は２０２０年４月１日、中小企業は21年4月1日から適用）により年功型賃金から能力や職務に応じた給与体系になっていくと思うからです。それなら勤務年数に関係なく勝負できると自分自身の背中を押す環境になるのではないでしょうか。年功型賃金や終身雇用制度は思ったより早く崩壊するかもしれません。

長期的にはさらに転職しやすい環境になっていくでしょう。転職先には、自分が持っているスキルやノウハウを武器にするので常駐先を含め同業他社が多いはずです。常駐先や同業他社への転職に制限をかけたいと、会社がどんなに知恵を絞ったところで、社員の転職を禁止することは不可能です。憲法で職業選択の自由や営業の自由が認められているからです。

人材流出の心配ばかりするようなネガティブ経営の会社に魅力はありません。転職されないようにとブレーキをかけることにばかり目を向けずに採用への応募が多くなるような魅力ある会社、組織作りに注力すべきです。

相談者には、自らのキャリアアップのために一歩踏み出すことを勧めます。

ココ大事　**職業選択の自由がある**

49 若手SEがLINEで退職届、常識か非常識か

相談

部下の若手SEが、LINEで退職届を送ってきました。さすがに非常識だと思い、出社して書面で退職届を出すよう指示しました。ところが、本人は出社を拒否し、言うことを聞きません。どのように対処したらいいのでしょうか。

回答

まず、ＬＩＮＥでの退職届が有効かどうかをお答えします。結論から言うと、ＬＩＮＥでも退職の意思を伝えたことになります。本人も会社に来たくない事情があるのでしょう。同様に、メールや郵送で届いた退職届も有効です。かつてはＦＡＸでの退職届が認められるかという相談もありました。

退職の意思通知は、口頭でも構いません。よって、ＬＩＮＥやメール、ＦＡＸ、郵送による退職届も有効になります。

ただ、ＦＡＸは一方向の通信手段であり、送受信ミスや本人が送ったものかどうかが分からないという問題があります。

その点、ＬＩＮＥやメール、記録が残る書留郵便などは、確実な通信手段と言えます。ＬＩＮＥやメールは送受信もできるので「届けた」「受け取っていない」という問題も生じません。送受信の日付や時刻も明確になり、証憑《しょうひょう》が残るメリットもあります。そのためＬＩＮＥによる退職届は、一概に非常識とは言えないかもしれません。

それでも書面が必要になる理由

理屈で言えば上記のようになりますが、現実には紙の文書がベストです。なぜなら紙の退職届が必要な場面があるからです。

例えば本人が離職票を希望する場合、紙の退職届（自己都合退職の場合）が必要です。と言うのも、会社がハローワークで離職票の発行手続きをする際に、退職届を添付する必要があるからです。

会社の立場で見ると、後々無用なトラブルを生まないためにも、退職理由や退職日、署名・なつ印がある紙の退職届で管理したいところです。よって、現実には紙での運用が妥当だと思います。

退職日はいつになるかを考慮する

相談者のケースでは、退職日も考慮すべきでしょう。正社員の場合、雇用期間の定めが無いからです。

正社員の退職日は、本人が会社に退職の意思を伝えてから最短で2週間経過後になります。ただし、多くの会社では退職予定の1カ月前までに申し出るよう社内ルール（就業規則）などで定めているでしょう。

実際には、勤務する気が全く無い者に「1カ月後でないと退職できない」とは言えません。民法では、いつでも雇用関係の解約を申し入れられ、2週間経過すれば終了すると定めています。そのため本人と退職日を調整する必要があります。

相談のケースでは、業務の引き継ぎが必要かもしれません。それでも2週間以内に手続きを済ませる工夫が必要です。会社は社内ルールでなく、民法に従って譲歩すべきです。出社せずに退職するのは可能ですが、返却や受領物に注意しなければなりません。

例えば、会社は退職予定者に貸与している物を返却してもらわなければなりません。具体的には、健康保険証や社員証、机やロッカーの鍵、スマホなどがあります。逆に会社からは、机やロッカーなどに保管されている私有物を引き渡す必要があります。厚生年金手帳を会社が保管している場合は、それも本人に渡さなければなりません。

後々になって受け取った、受け取っていないというトラブルが無いように手渡しで返却・確認したほうがいいでしょう。どうしても出社が嫌で、退職届や返却物を郵送する場合は、到着確認ができる書留郵便や宅配便の利用をお勧めします。

ココ大事

退職の意思表示は書面でなくても可

50 一度提出した退職の撤回を求めるクレーマー社員を辞めさせることはできるか

相談

システム開発の部門長です。先日、ある部下が「こんな会社、辞めてやる！」と暴言を吐き、退職届を提出してきました。しかし、数日後には「やっぱり会社を辞めるのをやめる」と言ってくる始末。正直、トラブルが多いクレーマー的な社員なので、会社に残ってほしくありません。退職扱いにしていいのでしょうか。

回答

退職すると言って退職届を出してから、やっぱりやめる（撤回する）と言ってきてトラブルになるケースがあります。結論から述べると、人事部長など会社側の責任者が退職を承諾した場合は撤回できません。

まずは、退職届の手続きがどうなっているかを確認してください。現実には、退職届が人事部で承認された段階で、退職の社内手続きが完了したと考えていいでしょう。

退職届、あるいは退職願は、本人の「会社を辞める」という考え（意思）を会社側に伝えるためのものです。口頭で意思を伝える場合もありますが、ほとんどの場合は書面を提出しています。

退職届と退職願は一字違いですが内容が異なります。退職届は退職するという強い意思表示であり、退職が確定だというときなどに提出する書面です。これに対して退職願は、本人が「もう会社を辞めようと思います」と願い出て、上司のＯＫをもらうといった場合に提出する書面だと考えてください。

相談者のケースでは、退職届を提出したのがクレーマー的なトラブル社員というのが、撤回に応じたくない背景にあると思います。会社が嫌い、会社や上司・同僚とのトラブル、残業が多い、休みがないなど、さまざまな本音の退職理由があります。それでも通常は、円満退職したいと考え、会社に不満があっても家庭の事情など別の理由を述べて気遣う社員が多いでしょう。相談されたケースでは「こんな会社、辞めてやる！」と暴言を吐かれたわけですから、撤回に応じたくないという気持ちも分かります。

退職に当たっては、辞めさせたくないという場合もあるでしょう。優秀な社員が辞めようとするケースです。役割によっては引き継ぎも必要です。退職時期についても話し合いながら、いろいろ調整しなければなりません。このとき重要なのは、上司や会社は引き留めることはできても「退職させない」という強制はできないことです。

退職届、退職願の撤回は可能か

退職届はそれだけ「辞める」という強い意思表示であり、退職届を提出することで、引き留められていても退職の効力が民法上発生します。法令では、2週間で辞めることが可能です。多くの社員も、退職届を提出すれば撤回が現実的ではないことを理解していると思います。

では、退職願の撤回は可能なのでしょうか。結論は、状況によって変わります。冒頭で述べたように、会社（役員や人事部長など）が退職を承諾した後の撤回はできません。しかし、会社の承諾前なら撤回できます。

原因はさておき、上司に「辞めてやる！」と捨てぜりふを吐き、トラブルになるケースはしばしばあります。仮に口頭でも退職の意思となりますが「言った、言わない」「売り言葉に買い言葉」など、後々に見解の相違が出てトラブルになります。その意味でも、書面（退職願、退職届）を早めに提出してもらい、書面による運用手続きを進めることがベストです。

大手企業など厳格な運用をしている場合は、退職願や退職届のフォーマットが用意されています。そこには会社側の承認欄があります。上司経由で会社（役員や人事部）に退職届を提出します。会社規模によっては、上司、上位上司というように、複数の承認印が押されながら人事部に届きます。

承認後は、本人に「退職を承諾した」という通知を出しておくのも大切です。これで、後々の不要なトラブルが少なくなります。非常識な社員、例えば会社や同僚と絶えずトラブルを起こすような社員も存在します。こうした社員との退職トラブルを避けるためにも、退職願や退職届について早めに承諾の通知を出しておくことが肝要となるのです。

こうすれば、その後の退職の撤回はできません。あらかじめ承認欄を設けたフォーマットの書式運用をお勧めします。

ココ大事

会社承認後の撤回はできない

51 定年退職か再雇用で働くか、ＩＴ企業の管理職はどちらを選ぶべきか

相談

ＩＴ企業の管理職です。定年まで半年ほどあります。会社から再雇用勤務する予定か否かの確認がありました。提出期限は少し先です。退職して当分のんびりするか、再雇用で働くか悩んでいます。会社をやめると健康保険が高くなると聞きます。トラブルではありませんが、同年齢で悩む人は多いと思います。

回答

筆者の先輩や知人からも同じ相談が毎年何度もあります。やりたいことが決まっていないのなら、当面は再雇用で勤務しながら考えてみてはどうかとアドバイスしています。

国民健康保険や住民税は、前年度の所得によって支払額が決まります。再雇用となり、年収が減った後で退職したほうが、翌年の負担が少なく気持ちが楽になると思うからです。

ただこれは筆者の個人的な見解であり、正解、不正解はありません。

退職したら健康保険はどうなる

現役社員として働いている場合の健康保険料は、毎月の給料から天引きされます。給料からの天引きなので納付漏れはなく、未払いだとして督促状が届くことはありません。所得税から住民税、厚生年金や雇用保険料も天引きされています。毎月、たくさん引かれていると思うぐらいで、給与振込額（手取り額）しか見ていない人もいるでしょう。退職して働かなくなると、当然ですが給料がなくなります。給料がなくても健康保険には加入しなければなりません。

配偶者やお子さんの扶養家族になるのでなければ、健康保険料の支払いが必要になります。この場合の選択肢は2つです。退職した会社の健康保険に任意で加入する（任意継続被保険者）か、国民健康保険に加入するかです。

任意継続か国民健康保険かのどちらを選択するかについては、両方の保険料や制度を比較して決められることをお勧めします。

任意継続は、退職後も継続して勤務していた企業の健康保険に加入する制度です。現役時代は、保険料は会社と折半で、給与から引かれているのは半額になります。もう半額は会社が負担して全額を納めています。

退職後の任意継続では、会社は保険料を負担してくれません。全額を支払うので高くなります。会社を辞めるときに、筆者は任意継続被保険者を選択しました。

国民健康保険料は、前年度の所得に対して徴収されます。退職前の給料が高かった人は、当然高くなります。

相談者は、大きなＩＴ企業の役職者なので高給でしょう。退職後、初めて保険料を支払うときに「えっ！　こんなに高いの」と思うかもしれません。

お住まいの市区町村に問い合わせたら保険料を教えてくれます。概算でいいので、前年度の所得を源泉徴収票などから確認しておきましょう。

再雇用で働きながら考えてみては

定年後にどうしようとお考えでしょうか。再雇用で同じ会社に勤める、当面は遊んでから再就職する、転職する、退職して起業する、隠居生活に入るなど人によって選択はさまざまです。

働かないのであれば、ご家族の誰かの扶養家族になり健康保険に加入する、これが一番お得です。これも考えてみてください。働くにしても扶養家族になれる収入範囲にすればいいのです。

裕福であれば、もう働かなくてもいいかもしれません。ですが多くの一般人は違います。年金支給は65歳からです。昔は60歳支給でしたが、今は65歳です。将来70歳からの支給になるかもしれません。年金が支給される年齢まで働かざるを得ないと考える人は多いでしょう。

筆者は、まずは再雇用希望で確認書を提出することをお勧めします。先々のことは再雇用で働きながら考えればいいのです。ほかにやりたいことがあるのなら話は別です。ご自身でよく考えてください。

ココ大事

退職後の社会保険の負担は大きい

52 定年後再雇用で以前と同じように仕事をする権利はないのか

相談

60歳で定年退職後に再雇用されたSEです。再雇用後は、見積書や設計書のレビュー会議の段取り、議事録作成を行っています。顧客先に行くこともなく残業もありません。体は楽ですが、名ばかりSEです。雇用延長という考え方から、定年前と同じ仕事をさせてもらう権利はないのでしょうか。

回答

会社は65歳まで社員が働けるようにする義務があります。残念ながら再雇用において従前と同じ業務内容や勤務条件にすることまでは求められていません。再雇用制度では60歳で一旦退職して、再び同じ会社やグループ会社に就職（再雇用）することになります。新たな労働条件に同意して働く制度です。

相談者は雇用延長により作業内容が継続するイメージで考えていたのなら、認識を変える必要があります。再雇用後に就く仕事が嫌なら、思い切って辞めるしかないかもしれません。その前に一度、会社側に相談してはいかがでしょうか。言うまでもありませんが、会社は嫌がらせで特定社員の処遇を決めてはいけません。

60歳からは新たな労働条件での勤務になる

60歳で定年退職する会社が一般的です。その後は再雇用で継続して働く、あるいは転職する、引退するなどの選択肢があります。今は年金の支給開始年齢が原則65歳からなので、生活面から再雇用勤務を選択する社員が多いです。

雇用延長については65歳までの「努力義務」が２０１３年に「義務」に変わりました。60歳以降で働けなくなると、年金支給開始まで無年金で生活できないからです。

高年齢者雇用安定法の改正で２０２１年４月から70歳までの雇用延長が努力義務として会社に課せられています。65歳までの雇用延長のときと同様、会社にとっては努力義務からのスタートですが、70歳までの雇用延長を考えていく必要があります。将来、年金の支給開始年齢は70歳になるのかもしれません。

再雇用制度では、定年退職して新たな労働契約を結び雇用関係がスタートします。賃金など労働条件が変わりますが、有給休暇は例外です。現実には雇用が継続していますので、有給休暇はゼロリセットにはなりません。

日本は高齢化がどんどん進んでいます。企業も同じです。70歳まで働ける環境になると再雇用者はもっと増えていきますので、こうした人たちがやる気を失っては困ります。

複数の働き方が増える可能性

一般的に、再雇用時に一律で会社は給与を下げます。転職でなく同じ会社での給与ダウンなので、再雇用者は余計に不満かもしれません。

会社は将来、能力に応じて指導職やプレーヤー、補助職からパート社員まで多様なポジションや働き方を用意する必要性が出てくるはずです。勤務時間も皆がフルタイム勤務を望むとは限りません。短時間勤務を望む社員もいるでしょう。再雇用者が納得して働け

定年後再雇用での高齢者の働き方

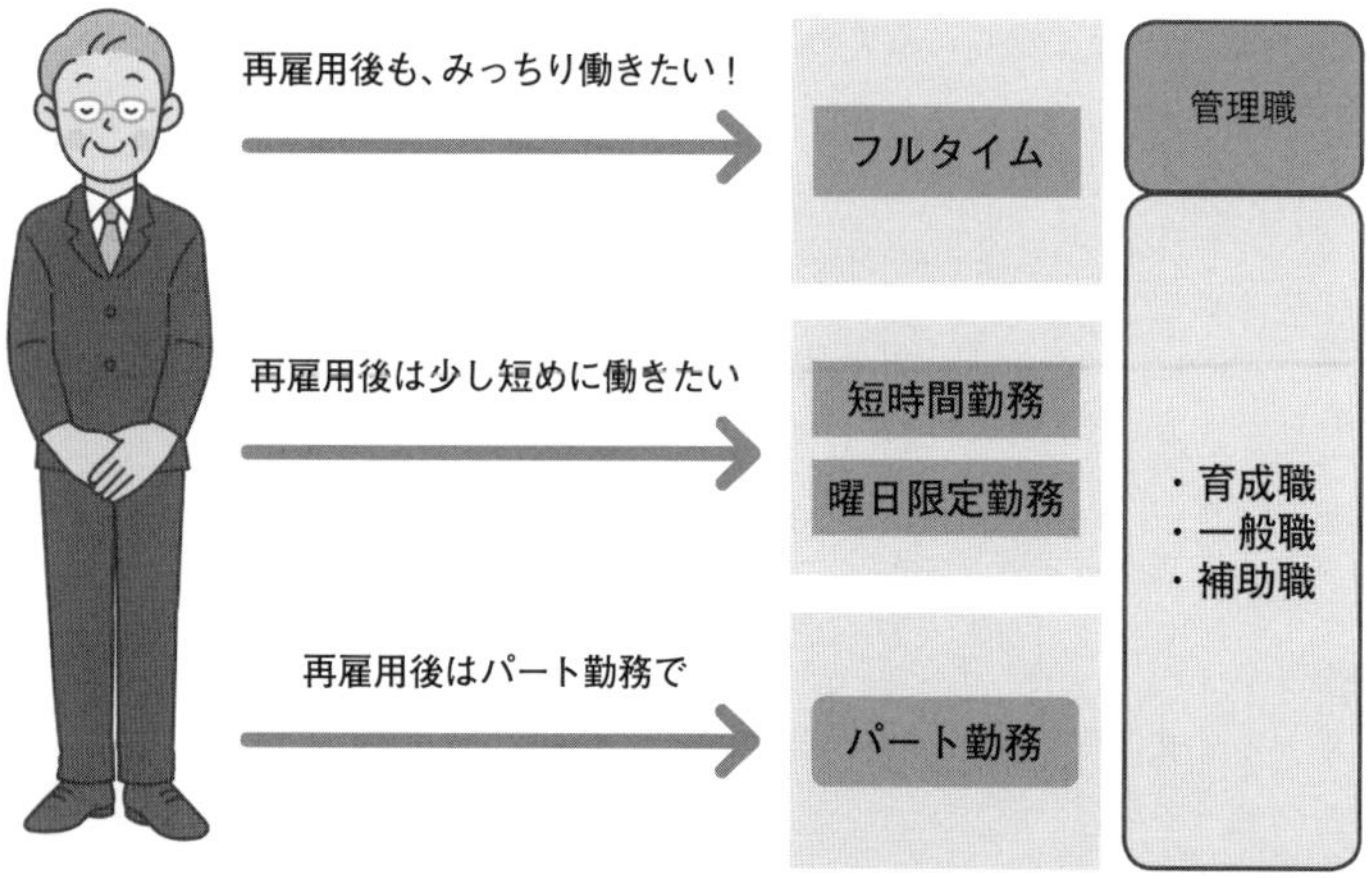

出所：筆者

るように選択の幅を広げる制度構築に取りかかっていかなければなりません。

60歳以上の企業内人口が増えていくのは明白です。有効に働いてもらわないと大変です。会社は将来を見据え、相談者と同じ世代の意見を聞く機会を設けて今後の制度構築の参考にしていくべきです。一方、再雇用者にとっては、多様な働き方が増える可能性を視野に入れ、会社に貢献するという意欲を継続して持ちたいものです。

将来、22歳の新卒エンジニアと70歳のエンジニアが一緒に仕事をしている光景が目に浮かびます。新卒エンジニアにとって上司や同世代の先輩エンジニアより、話しやすい同僚になるかもしれません。

ココ大事

新たな労働条件のもとで働くことになる

おわりに

ネットを検索すると、職場のトラブルに関する情報がたくさんヒットします。トラブルの背景は不明瞭ですが「違法だ！」「訴えるべき！」といった書き込みの多さから考えると、筆者が考える以上に職場のトラブルが増えているのかもしれません。

トラブルをひもといていくと、上司が間違っていることもあれば、部下の言い分が身勝手すぎることもあります。

ですが筆者の経験から言うと、従業員のトラブルが多い会社には共通点があります。IT企業に限りませんが、現場任せの勤務ルールが横行していることです。言い換えれば、上司によってことの損得に違いが出てくる職場です。

こういった職場でトラブルが発生した場合には、会社・上司・従業員はそれぞれの立場で、都合良くルールを解釈してしまいがちです。立場の違いから双方の主張がかみ合うことがなく、もめることになります。トラブルはなかなか解決しません。

ルールブックがあって、トラブルに関連した記載があればもめることはありません。記載に基づいて正誤を判断すればいいからです。

ルールブックが曖昧であるほど、トラブルの解決に時間がかかります。簡単すぎて記載内容に乏しいルールブックはいただけません。

会社におけるルールブックとは就業規則です。就業規則に記載がない項目については、従業員の負担になる義務を命令できません。少しでもトラブルを未然に防ぎたいと考えるのであれば、あるべき姿を描きながら就業規則を整備してほしいと願います。

就業規則の整備はコンプライアンス面でも重要です。労働基準監督署の調査が入る場合には、就業規則を準備しておくように指示されます。

給与、賞与、退職金、テレワークやフレックスタイム制といった勤怠ルールを就業規則から取り出して別冊にしている会社があります。例えば、給与規程や賞与規程です。別名をつけていても、これらは就業規則に該当します。

就業規則単体のページ数が増えすぎるのを避けるために別冊にしているだけです。労基署の調査では、別冊分も含めて用意しておかなければなりません。

守るべき、目指すべき職場の環境は、法律改正や時代に応じて刻々と変化します。ルールは定期的に見直すことが大切です。就業規則の整備にとどまらず、時代や環境の変化に応じた管理が必要です。ホワイト職場だと言われるＩＴ企業になり、皆様の会社が発展していかれることを願います。

杉本 一裕

杉本 一裕（すぎもと かずひろ）

人事コンサルタント。大阪府立大学大学院経済学研究科経営学専攻（博士前期課程）修了。経営学修士（MBA）。IT企業に入社、給与計算システムの開発をきっかけに26歳で社労士資格を取得する。人事コンサルティング業務に従事するとともに、人事給与パッケージの開発・サポートグループのプロジェクトリーダー、管理職を務める。在職中の2007年、消えた年金問題で総務省大阪地方第三者委員会調査員を兼務。その後独立し、社労士と行政書士事務所を開業し現在に至る。顧問先への対応では、運行管理者（旅客／貨物）、衛生工学衛生管理者の視点からもアドバイスする。

IT職場のトラブル対処 決定版
“理不尽上司”にホワイト職場は作れない

2023年5月15日　第1版第1刷発行

著　者　杉本 一裕
発行者　森重 和春
発　行　株式会社日経BP
発　売　株式会社日経BPマーケティング
　　　　〒105-8303
　　　　東京都港区虎ノ門4-3-12
編　集　中村 建助
装　幀　松川 直也（日経BPコンサルティング）
制　作　日経BPコンサルティング
印刷・製本　図書印刷

ISBN978-4-296-20226-3